M. a. Carsten

Gerhard Schildt

BRAUNSCHWEIG

Die Geschichte
einer agrarisch geprägten Region

BRAUN-SCHWEIG

Die Geschichte einer agrarisch geprägten Region

Gerhard Schildt

Landbuch Verlag

Titelfoto: Stadt Braunschweig

Gestaltung: Claus Dieter Riemer

© Landbuch-Verlag GmbH, Hannover, 1997

Lektorat: Dr. Helge Mücke, Hannover

Gesamtherstellung: Landbuch-Verlag GmbH, Hannover

ISBN 3 7842 0549 6

Inhalt

Geleitwort 6

Vorwort: Die agrarische Grundlage der Geschichte 9

Geographische Lage und Landesnatur 10

Die Vorgeschichte 12

Das Mittelalter
Die großen Dynastien 15
Die Ottonen 15
Die Salier 20
Lothar, Heinrich der Löwe und Otto IV. 24
Die späteren Welfen 31
Grundherrschaft und mittelalterliche Landwirtschaft . . . 35
Die Hansestadt Braunschweig 41
Die geistige Welt des Mittelalters 49

Die Frühe Neuzeit
Das Zeitalter der Reformation 53
Der Dreißigjährige Krieg 60
Die welfischen Barockfürsten 64
Das Zeitalter der Aufklärung 68
Die bäuerliche Welt um 1800 75

Das 19. Jahrhundert
Die Westfälische Zeit 82
Die Revolutionen von 1830 und 1848 88
Die Agrarreformen 93
Die Entwicklung der Landwirtschaft 98
Die Industrialisierung 102
Die welfischen Länder im Deutschen Reich 107
Die sozialen Spannungen 110

Das 20. Jahrhundert
Der Erste Weltkrieg 114
Die Revolution von 1918/19 119
Die Weimarer Republik 122
Das Dritte Reich 128
Die Stunde Null 134
Das Wirtschaftswunder
und die Entfaltung der Wohlstandsgesellschaft 138
Die moderne Landwirtschaft 144
Grenzöffnung und Wiedervereinigung 150

Rückblick und Resümee 152

Literaturhinweise 155

Zum Geleit

Braunschweig ist als Land Heinrichs des Löwen weit über die Grenzen des heutigen Niedersachsen hinaus bekannt. In Braunschweig wurde seit dem frühen Mittelalter deutsche Geschichte mitgeschrieben. Viel zu selten ruft man sich jedoch in Erinnerung, daß Geschichte nur von Kaisern, Königen und Kurfürsten geschrieben wurde. Alle diese Herren waren Teil eines sozialen Gefüges, dem auch Kaufleute, Handwerker, Bauern und viele andere gesellschaftliche Gruppen angehörten. Vor allem die Bauern kommen in der Geschichtsschreibung oft zu kurz.

Kaum einer wird daran zweifeln, daß die Landwirtschaft die Basis allen gesellschaftlichen Handelns in den vergangenen Jahrhunderten war. Kühn formuliert könnte man sagen, daß die Krallen Heinrichs des Löwen ohne die Entwicklung der Landwirtschaft recht stumpf geblieben wären. Erst als Bauern mehr ernteten als zur eigenen Ernährung notwendig war, konnten sich Städte entwickeln, konnten Heere beköstigt und schöne Künste ausgeübt werden. Trotz dieser zentralen Bedeutung ist es den Bauern bis auf wenige Ausnahmen nie gelungen, direkt Geschichte mitzuschreiben. Sie waren allzuhäufig nur der Spielball der Geschichte.

Im vorliegenden Buch wird versucht, die vielfältigen Zusammenhänge zwischen landwirtschaftlichem Leben und Wirtschaften und der gesellschaftlichen und politischen Entwicklung der Stadt und des Landes Braunschweig in kurzen Schlaglichtern zu beleuchten. Darüber hinaus erhält der Leser interessante Einblicke in die wechselvolle Geschichte des Landes der Ottonen, Salier und Welfen.

Braunschweig eignet sich für eine solche Betrachtung nicht mehr und nicht weniger als jede andere Region in Deutschland. Aus zwei Gründen wollen wir gerade diese Region in den Mittelpunkt der Betrachtungen rücken: Zum einen beschäftigt sich die Albrecht-Thaer-Gesellschaft überwiegend mit der agrargeschichtlichen Erforschung des Raumes Niedersachsen. Zum anderen bietet der Deutsche Bauerntag, der nach 139 Jahren 1997 zum zweiten Mal in Braunschweig stattfindet, einen willkommenen Anlaß, den Delegierten aus den übrigen Ländern Deutschlands mit dem vorliegenden Band einen historischen Abriß zum Tagungsort zu überreichen.

Die Albrecht-Thaer-Gesellschaft wendet sich mit der Herausgabe dieses Werkes zum ersten Mal an eine breitere Öffentlichkeit. Ich wünsche mir, daß das Buch zahlreiche interessierte Leserinnen und Leser findet. Nur wer die Geschichte kennt, kann die Probleme und Fragen der Gegenwart richtig bewerten und Antworten und Lösungen finden.

Klaus-Jürgen Hacke
Direktor der Albrecht-Thaer-Gesellschaft, Celle

Vorwort

Die agrarische Grundlage der Geschichte

Die Volkswirtschaftslehre nennt die Landwirtschaft den „Primären Sektor" der Wirtschaft. In der Tat ist die Landwirtschaft durch Jahrtausende hindurch die unentbehrliche Lebensgrundlage für die Bevölkerung gewesen. Fast alle Menschen waren landwirtschaftlich tätig. Die Bevölkerung versorgte sich nahezu völlig selbst mit allem Lebensnotwendigen. Der Überschuß, den sie über ihre eigenen Bedürfnisse hinaus erzielte, war gering. Nur in dem Maße, wie ein solcher Überschuß erzielt wurde, konnten Menschen nichtlandwirtschaftlichen Tätigkeiten nachgehen, z. B. herrschen oder beten, Handwerksprodukte herstellen oder Handel treiben. Das waren immer nur verhältnismäßig wenige. Die Geschichte des Alltags ist deswegen vor allem geprägt durch Pflügen und Säen, durch Ernten und Dreschen, durch landwirtschaftliche Arbeit und dörfliche Feste. Daneben wirkten Handwerksarbeiten und kaufmännische Unternehmungen auf die geschichtliche Wirklichkeit ein, ebenso die Schriften der Dichter und Denker und nicht zuletzt die Kriege und Verwaltungsakte der Fürsten, also das, was man früher als Hauptgegenstand der Geschichtswissenschaft ansah.

Alle diese Momente sollen in dem vorliegenden Abriß der braunschweigischen Geschichte angesprochen werden. Besonders soll aber die landwirtschaftliche Grundlage des gesellschaftlichen Lebens berücksichtigt werden, denn das Buch ist von der Albrecht-Thaer-Gesellschaft angeregt worden, die den Teilnehmern des 1997 in Braunschweig veranstalteten Deutschen Bauerntages einen Überblick über die Geschichte dieser Region überreichen wollte. Bis zum heutigen Tage spielt die Landwirtschaft für die braunschweigische Region eine hervorragende Rolle. Im Landschaftsbild ist sie unübersehbar. Die hier angesiedelten Forschungseinrichtungen, nämlich die Bundesforschungsanstalt für Landwirtschaft sowie die Biologische Bundesanstalt für Land- und Forstwirtschaft, unterstreichen ihre Bedeutung.

Geographische Lage und Landesnatur

Das Braunschweiger Land liegt zum Teil im deutschen Mittelgebirge und zum Teil in der norddeutschen Tiefebene, und zwar etwa auf der Höhe des Harzes, eher ein wenig westlich als östlich. Das Land hat Anteil am Harz selbst und vor allem an anderen Teilen des Mittelgebirges, die sich westlich vom Harz befinden und bis an die Weser reichen. In der norddeutschen Tiefebene umfaßt es die Gebiete um die Städte Braunschweig, Helmstedt und Wolfenbüttel. Der große Verkehrsweg zwischen Berlin und dem Rheinland führt durch Helmstedt und Braunschweig oder in der Nähe vorbei, wie der Verlauf der Eisenbahnen, der Autostraßen (A 2 und B 1) und des Mittellandkanals zeigt.

Sieht man genauer hin, erweist sich die geographische Lage als sehr viel komplizierter. Braunschweig war ein selbständiges Land, das auf eine nahezu groteske Weise zerstückelt war. Es bestand bis 1942 aus acht verschiedenen, nicht aneinander grenzenden Gebieten. Das größte war der Kernbereich um die Hauptstadt Braunschweig, das zweitgrößte der Mittelgebirgsteil westlich und nordwestlich des Harzes mit Gandersheim und Holzminden als wichtigsten Orten, der drittgrößte Teil lag im Harz mit Blankenburg als bedeutendster Stadt. Von den weiteren sechs Gebietsteilen war Thedinghausen eine besondere Kuriosität, weil es mehr als 130 km Luftlinie von den übrigen Landesteilen entfernt lag, nämlich an der unteren Weser in der Nähe von Bremen. Die Karte zeigt die Zersplitterung des Landes.

Insgesamt war das Land klein. Es war in sechs Kreise eingeteilt, nämlich Braunschweig, Helmstedt, Wolfenbüttel, Holzminden, Gandersheim und Blankenburg, und umfaßte zusammen 3 690 km^2.

Die landwirtschaftlichen Bedingungen sind in den verschiedenen Landesteilen außerordentlich unterschiedlich. Im Harz spielte die Landwirtschaft immer nur eine marginale Rolle. Um so wichtiger war seit altersher die Forstwirtschaft, wobei das Holz zu einem großen Teil für den bedeutenden Bergbau gebraucht wurde.

Günstigere Voraussetzungen findet die Landwirtschaft in den Mittelgebirgslandschaften nordwestlich und westlich des Harzes. Die Höhen sind hier von Wald bedeckt. In den zahlreichen kleineren Becken und Mulden liegt eine Lößschicht auf Kalkuntergrund, die nicht nur eine gute Fruchtbarkeit garantiert, sondern auch eine leichte Bearbeitung des Bodens ermöglicht. Die besten landwirtschaftlichen Bedingungen gewährt schließlich das Gebiet nördlich der Mittelgebirge bis etwa zur Linie Helmstedt–Braunschweig–Peine. Hier bedeckt eine bis zu 2 m dicke Lößschicht den Boden. Wie in der Magdeburger Börde werden hier die besten Bodengütewerte verzeichnet. Nördlich der Lößgrenze werden die landwirtschaftlichen Bedingungen schwieriger. Zum Teil finden sich ausgesprochen sandige Gebiete, andere sind vernäßt durch einen hohen Grundwasserspiegel. Der Charakter der Geest bzw. der Heide zeichnet sich hier deutlich ab.

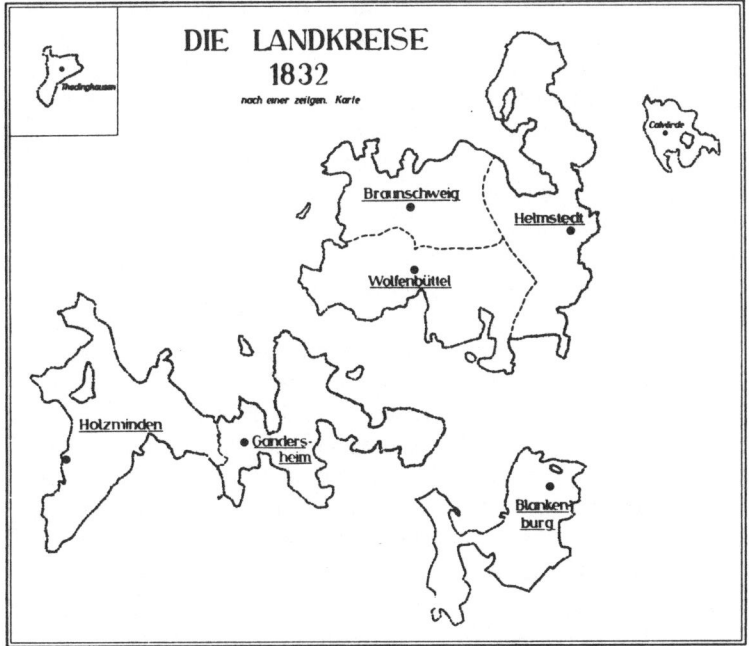

DIE LANDKREISE
1832
nach einer zeitgen. Karte

Thedinghausen

Odsförde

Braunschweig

Helmstedt

Wolfenbüttel

Holzminden

Ganders-
heim

Blanken-
burg

11

Die Vorgeschichte

Die Lößgrenze ist etwa 2000 Jahre lang eine der bedeutungsvollsten kulturellen Grenzen gewesen, die sich überhaupt denken lassen, nämlich die zwischen Ackerbauern und Jägern und Sammlern. Auf den Lößböden des Harzvorlandes ist seit dem 5. Jahrtausend Ackerbau betrieben worden. Nördlich davon erstreckte sich urtümliche Wildnis. In den höheren Teilen lohnte der sandige Boden eine Bestellung nicht, in den Niederungen machten Hochwasser alle Versuche, Ackerbau zu betreiben, von vorneherein aussichtslos. Das Land war hier mehr für Biber als für Menschen geeignet.

Anders auf den Lößböden. Hier schufen Menschen der Jungsteinzeit Ackerbaugebiete, die zu den ältesten Mitteleuropas gehören. Weizen, Gerste und Hirse sind kultiviert worden, außerdem Ackerbohnen, Linsen und weißer Gänsefuß als Gemüse. (Hülsenfrüchte und Gemüse wurden im Braunschweigischen allerdings noch nicht nachgewiesen.) Auch Haustiere wurden gehalten, nämlich Schaf und Ziege, Rind und Schwein. Selbstverständlich begleitete auch schon der Hund den Menschen. Diese Landwirtschaft kam noch ohne feste Feld- und Gemarkungsgrenzen aus. Es wurde mal hier, mal dort ein Stück Wald gerodet und niedergebrannt und auf solchen Flächen etwas ausgesät. War der Boden nicht mehr recht ergiebig, wurde ein anderes Stück bearbeitet. Es war eine Landwirtschaft im „Umherziehen", ein „Wanderbauerntum", vermutlich mit engem Radius. Die Bodenbearbeitung erfolgte mit Hacken, oberflächlich, wie es bei solchen Geräten nicht anders sein konnte, aber ausreichend, um die Ernährung normalerweise zu sichern. Das Getreide wurde gemahlen – Handmühlen aus Sandstein sind gefunden worden –, und die Frauen haben auch gewebt. Daß diese „Bauern" auch auf die Jagd gingen, ist selbstverständlich, denn Wild gab es auch in diesen Gebieten landwirtschaftlicher Kultur noch reichlich. Die Jäger und Sammler kamen gelegentlich aus ihrer nördlichen Wildnis und schlugen auf Höhen inmitten des Lößgebietes ihr Lager auf, vielleicht, um zu jagen, vielleicht auch, um zu tauschen.

Wie sich die Beziehungen zwischen den Angehörigen so unterschiedlicher Kulturen gestaltet haben, wissen wir nicht. Vielleicht

12

pflegten sie regen Tauschhandel. Die Jäger lieferten womöglich Felle und tauschten sie gegen Mehl und andere Vegetabilien oder gegen Stoffe. Überfälle sind wohl kaum vorgekommen, denn die bäuerliche Bevölkerung hatte nur wenige Waffen, obwohl die bäuerlichen Gehöfte mit Vieh und Vorräten besonders im Winter für die Jäger eine lockende Beute hätten sein können.

Diese Gehöfte waren eindrucksvoll. Die Häuser hatten eine Länge von 40 Metern, eine Breite von 10 Metern und beherbergten Menschen, Vieh, Vorräte und Gerät. Es waren Fachwerkbauten, aus kräftigen Stämmen gefügt, dic Gefache mit Weidengeflecht versehen und mit Lehm ausgefüllt. Die Dächer mögen mit Stroh und Ried gedeckt gewesen sein, aber auch Grasdächer sind denkbar. Weil die Dächer keine Spuren im Erdreich hinterlassen, kann die Archäologie nichts Genaues über sie sagen.

Um welches Volk es sich gehandelt hat, ob es eine Stammesorganisation gehabt hat, welche Sprache es gesprochen hat, all das ist unbekannt. Die Archäologen nennen diese ältesten Bauern Mitteleuropas Bandkeramiker nach ihrer mit Bandmustern verzierten Keramik.

Die geschilderten Zustände währten bis ins 3. Jahrtausend, rund 2000 Jahre. Erst dann drang die Landwirtschaft in die nördliche Wildnis vor. Verschiedene Kulturen, alle hauptsächlich durch ihre Keramik zu unterscheiden, folgten aufeinander oder durchdrangen sich gleichzeitig. Ob sich Völkerwanderungen und Eroberungen hinter solchen Änderungen der materiellen Kultur verbergen oder nur ein Wechsel der Mode, ist unbekannt. Nach wie vor wurden die gleichen Pflanzen kultiviert. Pflüge kamen in Gebrauch, Steinsicheln wurden verwendet, und im zweiten Jahrtausend, zu Ende der Jüngeren Steinzeit, tauchte auch das Pferd als Haustier auf.

In der jüngeren Bronzezeit und der vorrömischen Eisenzeit lag das braunschweigische Land offenbar wieder im Grenzbereich zweier Kulturen, die jetzt selbstverständlich beide landwirtschaftlich bestimmt waren. Nach Norden und Nordwesten, weit über das heutige Deutschland hinaus, erstreckte sich ein großer, kulturell relativ einheitlicher Bereich, den man mit den Germanen in Verbindung bringen kann. Völkerscharen, die aus diesen Gebieten kamen, stießen mit den Römern zusammen und wurden von ihnen als Germanen bezeichnet. Im Süden und Osten des Braunschweiger Landes war die Situation wesentlich unklarer. Kulturell war jedenfalls seit dem 3. vorchristlichen Jahrhundert ein starker keltischer Einfluß bemerkbar, der sich mit der sogenannten Latènekultur verbindet.

Seit der Bronzezeit, d. h. etwa seit dem 15. Jahrhundert v. Chr., wurde das Land allmählich dichter besiedelt. Das sind Anzeichen dafür, daß die Landwirtschaftstechnik sich allmählich verbesserte. Die Felder wurden sicherlich nicht mehr aufgegeben, wenn sie nicht mehr ausreichende Erträge lieferten, sondern für einige Zeit brach liegengelassen und dann wieder in Kultur genommen. In der Römerzeit tauchte zuerst Geflügel in den Dörfern auf, Hühner, wahrscheinlich auch Gänse und vielleicht Enten. Auch Katzenknochen sind nachgewiesen worden.

Welche Bewegungen die germanischen Stämme im späteren Deutschland und damit auch in unserem Gebiet vollzogen haben, liegt im dunkeln. Einen kurzen Lichtblitz wirft darauf die älteste Schriftquelle aus der braunschweigischen Region, nämlich eine Runeninschrift auf einer Fibel, die in einem Frauengrab bei Beuchte gefunden wurde und aus dem 6. Jahrhundert n. Chr. stammt. Der Text ist germanisch, soviel ist sicher. Früher hat man gemeint, er sei in anglischem, d. h. nordschleswigschen Dialekt verfaßt. Man denkt an die gemeinsame Eroberung Englands durch Angeln und Sachsen, die 100 Jahre vorher erfolgt ist. Vielleicht haben beide Stämme zusammen auch das heutige Niedersachsen erobert (die Sachsen waren ursprünglich in Holstein zu Hause). Vielleicht haben sich die hiesigen Bewohner auch friedlich mit einwandernden Sachsen zusammengeschlossen und den Sachsennamen angenommen. Genaueres weiß man nicht.

Das Mittelalter

Die großen Dynastien

Die Ottonen

Erst mit den Kriegen, die Karl der Große zur Unterwerfung der Sachsen führte, treten diese ins helle Licht der Geschichte. Es war „der langwierigste, grausamste und für das Frankenvolk anstrengendste, den es je geführt hat", so hat Karls Tischgenosse Einhard diesen Krieg beschrieben. „Denn die Sachsen", so fuhr Einhard fort, „die wie fast alle Völker auf dem Boden Germaniens wild von Natur, dem Götzendienst ergeben und gegen unsere Religion feindselig waren, hielten es nicht für unehrenhaft, göttliches Recht zu schänden und zu übertreten." Gegenseitige Plünderungen und Überfälle lösten den Krieg aus, der sich 33 Jahre lang hinzog, und zwar von 772 bis 804. Nur zweimal kam es zu einer offenen Feldschlacht, einige Male zu regelrechter Belagerung, meistens wurde der Krieg als Kleinkrieg ausgefochten. Möglicherweise war er deshalb für beide Seiten so verlustreich. Relativ schnell gelang es Karl, den sächsischen Adel zur Unterwerfung zu bringen. Sein Hauptwidersacher Widukind ließ sich 785 taufen. Aber dann begannen erst die Schwierigkeiten mit der einfachen bäuerlichen Bevölkerung. Das Christentum löste Empörung aus, allerdings weniger die christliche Lehre, sondern vielmehr der Zehnte, der für die Bedürfnisse der Kirche erhoben wurde. Eine solche ungewohnte Besteuerung fanden die Sachsen unzumutbar, und erst nach umfangreichen Deportationen unterwarfen sie sich endgültig.

Unter den Adelsfamilien, die mit Karl zusammengearbeitet haben, befand sich das Geschlecht der Liudolfinger. Es war in der Gegend des heutigen Gandersheim ansässig, also auf dem Boden des späteren Herzogtums Braunschweig, und stammte vielleicht aus Thüringen. 850 gründete der erste sicher faßbare Ahnherr der Familie, Liudolf mit Namen, ein Damenstift in Brunshausen, einem kleinen Ort bei Gandersheim. Es sollte dem Seelenheil der Familie und der Versorgung unverheirateter Frauen dienen und wurde bald nach Gandersheim selbst verlegt.

Die Liudolfinger zählten zu den bedeutenden Familien des fränkischen Großreiches. Sie besaßen reichen Landbesitz und nahmen als Grafen und Herzöge eine bedeutende Machtposition ein. Sie gehörten zur sogenannten Reichsaristokratie. Diese Adeligen der obersten Schicht standen über das ganze Reich hinweg untereinander in Verbindung. Sie vertieften ihre Beziehungen durch Heiraten, die sorgfältig geplant wurden, um den Besitz zu vergrößern und den Einfluß zu vermehren. Die Liudolfinger waren nicht nur mit Widukind verwandt, sondern auch mehrfach mit der Herrscherfamilie der Karolinger. Sie gehörten deshalb gewissermaßen auch zu den Franken, dem Reichsvolk schlechthin.

Das karolingische Reich fiel bekanntlich durch Teilungen auseinander. In einem langwierigen Prozeß schälte sich aus der Erbmasse des Frankenreiches ein Ostreich heraus, das spätere Deutsche Reich. Zunächst waren noch Angehörige der karolingischen Familie Könige dieses Ostreiches, dann wenigstens Angehörige des fränkischen Stammes, aber im Jahre 919 einigten sich Franken und Sachsen darauf, einen Sachsen zum König zu machen. Dies konnte nur der sächsische Herzog sein, nämlich Heinrich, das Haupt der Liudolfinger. Ungeachtet der fränkisch-karolingischen Verwandtschaft dieser Familie bedeutete die Wahl Heinrichs, daß sich das Ostreich mit dieser Wahl aus der karolingischen Tradition löste.

Ein neuer Volksstamm stellte sich an die Spitze des östlichen Teilreiches. Die Sachsen, 100 Jahre vorher erst gewaltsam in die Christenheit eingefügt, wurden nun die Träger eines der christlichen Reiche.

Heinrichs erste Aufgabe war es, die süddeutschen Stämme in das Reich einzubinden und seine Anerkennung als König auch dort durchzusetzen. In Schwaben war das leicht. Um Bayern zur Anerkennung zu zwingen, mußte Heinrich mit einem Heer einmarschieren. Hier hatte der Bayernherzog Arnulf sich selbst zum König des „regnum Teutonicorum" wählen lassen, des „Reichs der Deutschen", wie man den Ausdruck übersetzen kann, und grimmig vermerkte ein bayerischer Chronist, daß niemand aus der Liudolfingischen Familie in Bayern „je einen Fußbreit Boden besessen" hätte. Trotzdem erreichte Heinrich seine Anerkennung als König und dehnte seine Herrschaft einige Zeit später

16

auch auf die Gebiete jenseits des Rheins aus, und zwar weit in romanisch sprechendes Land hinein.

Während der Jahre, in denen Heinrich seine Herrschaft begründete, fielen die Ungarn ständig in das Land ein. Heinrich wagte es zunächst nicht, ihnen entgegenzutreten. Die Ungarn, ein asiatisches Reitervolk, verwüsteten das Land, plünderten, brannten und mordeten. Schließlich erkaufte er sich mit Tributzahlungen einen mehrjährigen Waffenstillstand. Erst sieben Jahre später war er stark genug, um einen ungarischen Angriff abwehren zu können.

Heinrich hatte aus einer zweiten Ehe zwei Söhne, die für eine Nachfolge in Frage kamen. Den älteren, Otto, scheint Heinrich dafür schon früh ins Auge gefaßt zu haben. Umsichtig wurde für ihn eine Gemahlin ausgesucht. Die Wahl fiel auf eine Dame außerhalb des ehemaligen Karolingerreiches, nämlich auf Edgitha, eine englische Königstochter. Heinrich „designierte", d. h. bestimmte, Otto zu seinem alleinigen Nachfolger. Dies war nicht selbstverständlich. Die Karolinger hatten ihr Reich wie Privatbesitz geteilt. Daß der Bruder Heinrich „übergangen" wurde, erbitterte diesen und auch seine Mutter. Nach dem Tode König Heinrichs im Jahre 936 mußte deshalb Otto noch lange Zeit gegen seinen Bruder um die Macht kämpfen. Aber ein neues Prinzip war mit dieser Erbfolgeregelung etabliert: Das Reich war etwas Größeres als Privatbesitz. Deshalb sollte es unteilbar sein.

Otto ließ sich prunkvoll in Aachen krönen, wo Karl der Große geherrscht hatte und wo sein prachtvolles Münster stand. Die Großen des Reiches, die Herzöge von Lothringen, Franken, Schwaben und Bayern dienten ihm in der feierlichen Zeremonie als Kämmerer, Truchseß, Mundschenk und Marschalk. Otto trat in die Fußstapfen Karls des Großen.

In ständigen Kämpfen befestigte Otto seine Macht und dehnte sie im folgenden immer weiter nach Westen, Osten und Süden aus. Die Leistung, die ihm seine Zeitgenossen am höchsten anrechneten, war sicherlich die endgültige Besiegung der Ungarn. Immer wieder waren sie in Deutschland eingefallen, ohne daß die einheimischen Ritter ihnen hatten Widerstand leisten können. Nur einmal hatte König Heinrich gesiegt. Sein Sohn Otto schlug sie entscheidend im Jahre 955 auf dem Lechfeld bei Augsburg. Ein Aufatmen ging durch Deutschland, ja durch die ganze westeuropäische Christenheit. Die Ungarn blieben fortan in der nach ihnen benannten Tiefebene, wurden seßhaft und öffneten sich dem Christentum. Sie wurden ein „normales" europäisches Volk.

Eine solche Verteidigung des Christentums galt als vornehmste Aufgabe des Herrschers. Diesem Ziel weiterhin zu dienen, verpflichtete sich Otto, als er sich am 2. Februar 962 vom Papst zum Kaiser krönen ließ. Er folgte bei diesem Akt dem Vorbild Karls des Großen und lenkte gleichzeitig die Politik seiner Nachfolger in die Bahn einer entschiedenen Italienpolitik. Jahrhunderte lang sind fortan die deutschen Könige nach Rom gezogen, um sich zum Kaiser krönen zu lassen. Das Reich wurde das „Heilige Römische Reich", später mit dem Zusatz „Deutscher Nation" versehen. Unzählige Heere sind in den Süden aufgebrochen. Zeitweilig war die Stellung der deutschen Herrscher in Italien außerordentlich glanzvoll, im ganzen aber blieben alle Anstrengungen und Kämpfe ohne Ergebnis.

Dies alles ist hohe Reichspolitik. Diese Politik ist im wesentlichen von der hiesigen Region ausgegangen. Allerdings: eine feste Residenz besaß Otto der Große nicht. Eine Hauptstadt im modernen Sinne hatte keiner der damaligen Herrscher. Sie übten ihr Amt „im Umherziehen" aus. Sie zogen mit ihrem Hofstaat (Bewaffneten, Geistlichen, Schreibern, dazu den Frauen und einem Gutteil der Habe einschließlich der Akten) von Pfalz zu Pfalz, von Bischofssitz zu Bischofssitz, von Abtei zu Abtei, regelten die an Ort und Stelle anstehenden Fragen, und wenn die Aufgaben erledigt und die dortigen Hilfsmittel aufgezehrt waren, zogen sie weiter.

Aber der Schwerpunkt der Herrschaft lag zur Zeit Heinrichs und Ottos des Großen doch in der Region rund um den Harz. In Werla, südlich von Braunschweig an der Oker gelegen, hat Heinrich z. B. einen Ungarneinfall abgewartet, in Memleben südlich des Harzes ist er gestorben, in Quedlinburg, südöstlich von Braunschweig, ist er beigesetzt. Hier hat sein Sohn Otto auch oft das Osterfest begangen, das höchste Fest der damaligen Zeit. Sein Lieblingsort war vermutlich Magdeburg, etwa 80 km östlich von Braunschweig gelegen, wo er das Moritzkloster gründete und ein Erzbistum einrichtete. Im Magdeburger Dom hat er sich und seine Gemahlin Edgitha beisetzen lassen. Wenn man alle Aufenthaltsorte und Reisewege Ottos in eine Karte einträgt, zeigt ein

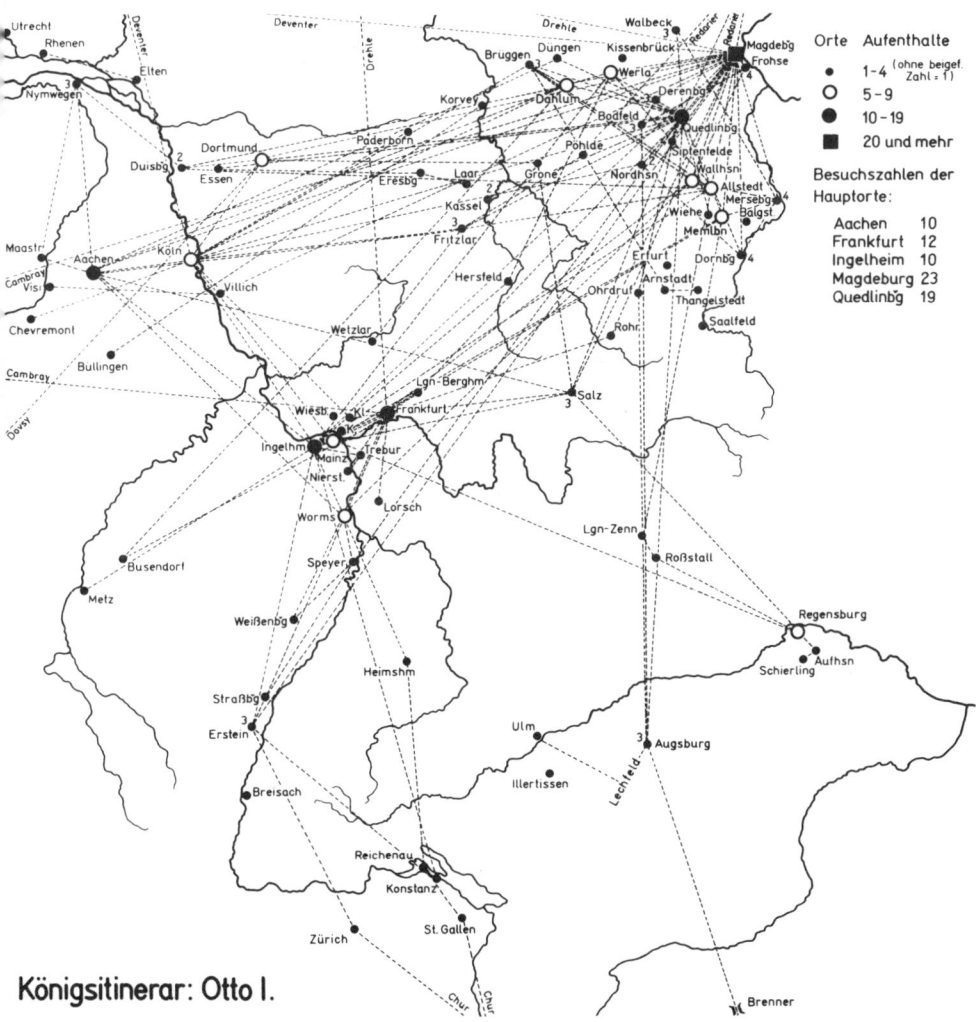

Orte   Aufenthalte

- •   1 - 4 (ohne beigef. Zahl = 1)
- ○   5 - 9
- ●   10 - 19
- ■   20 und mehr

Besuchszahlen der
Hauptorte:

Aachen	10
Frankfurt	12
Ingelheim	10
Magdeburg	23
Quedlinbg	19

Königsitinerar: Otto I.

19

solches „Itinerar" deutlich den Schwerpunkt der ottonischen Herrschaft in den ostsächsischen Gebieten. Im Stift Gandersheim wurde die Heiratsurkunde für seinen Sohn, den späteren Otto II., und die byzantinische Prinzessin Theophanu hinterlegt. Hier hat Theophanu ihre Tochter Mathilde geboren, hier ist ihre Tochter Sophia aufgezogen worden und später Äbtissin gewesen. Die Sachsen hatten das Gefühl, sie übten die Herrschaft in dem neuen Reich aus. Gott hat befohlen, daß die Königsherrschaft von den Franken auf den berühmten Sachsenstamm übertragen wird, so formulierte es die Gandersheimer Nonne Hrotsvit in einem lateinischen Gedicht. Und bis zum heutigen Tage bewahrt der ostsächsische Raum (Südostniedersachsen und der mittlere Teil des Landes Sachsen-Anhalt) bemerkenswerte Zeugnisse der ottonischen Zeit. Die eindrucksvollsten Kunstwerke dieser Zeit sind wohl die bronzenen Türen und die Bronzesäule im Dom zu Hildesheim, die Bischof Bernward hat schaffen lassen, der vorher Erzieher Ottos III. gewesen war.

Die Salier

Otto II. hat sich sicher noch als Sachse gefühlt. Sein Sohn Otto III. betrachtete anscheinend Rom als seine eigentliche Heimat, und wenn er nördlich der Alpen weilte, hielt er sich besonders gerne in Aachen auf. Sein Nachfolger Heinrich II. entstammte einer in Bayern ansässigen Nebenlinie der Ottonen. Für die Sachsen war er nicht unbedingt einer der ihren. Womöglich hätten sie sich einem Rivalen angeschlossen, wenn der nicht bei einem nächtlichen Überfall erschlagen worden wäre.

Heinrich II. starb kinderlos. Nach seinem Tode standen zwei Ururenkel Ottos des Großen zur Wahl, beide nicht im Norden beheimatet. Die Sachsen hielten sich deshalb mit ihrer Entscheidung zurück. Sie legten dem gewählten Konrad aus dem Hause der Salier jedoch auch keine Hindernisse in den Weg, nachdem er gewisse sächsische Sonderrechte anerkannt hatte. Dessen Nachfolger Heinrich III. war ein gewaltiger Herrscher. 1046 setzte er z. B. drei miteinander rivalisierende Päpste ab, ohne daß sich irgendein Widerstand zu erheben wagte. Sogar über Süditalien übte er eine Oberherrschaft aus.

Die Sachsen grollten jedoch. Heinrich III. hatte die Pfalz, d. h. den königlichen Burghof, von Werla nach Goslar verlegt, vielleicht schon wegen irgendwelcher Reibereien mit den sächsischen Großen. Vielleicht bewog ihn auch das im Goslarer Rammelsberg immer reichlicher geförderte Silber zu dieser Übersiedlung. Hier in Goslar entstand nun ein wirklich königliches Anwesen. Es bestand vor allem aus einem eindrucksvollen Palas, dem gegenüber sich ein prachtvoller Dom erhob. Häufig hielt sich Heinrich hier auf. Er umgab sich vielfach mit Männern aus dem niederen Volk, die er als Diener, sogenannte Ministeriale, in wichtigen Positionen verwendete, weil er sie jederzeit wieder absetzen konnte. Der Adel fühlte sich zurückgedrängt. Daß er auch die allmählich aufkommenden Städte begünstigte, mochte die sächsischen Großen zusätzlich erbittern. Wenn die Nachrichten nicht trügen, schmiedeten sie ein Komplott gegen den Kaiser. Einen Besuch des Herrschers beim Erzbischof von Bremen wollten sie ausnutzen, um ihn zu überfallen und zu ermorden. Dies mißlang, und der Führer der sächsischen Opposition büßte selbst sein Leben ein. Der Groll der Sachsen wurde dadurch nicht geringer.

Unter Heinrich IV., dem Sohn Heinrichs III., schlug die verhaltene Wut der Sachsen in einen offenen Krieg um. Viele Ursachen kamen dafür zusammen. Die weltlichen Großen erbitterte die Begünstigung der Kirche: die Bistümer Hildesheim und Halberstadt und das Erzbistum Bremen eigneten sich mit Duldung oder Unterstützung des Königs immer größere Gebiete Sachsens an. Einem sächsischen Großen, Otto von Northeim, hatte der König die Herzogswürde von Bayern fortgenommen, ein anderer, Hermann Billung, hatte die Inhaftierung seines Sohnes zu beklagen, am meisten erzürnte jedoch Heinrichs Burgenbau die Sachsen. Der König versuchte nämlich, wie es schon sein Vater vorgesehen hatte, Sachsen zur eigentlichen Machtbasis für seine Herrschaft auszubauen. Allenthalben ließ er Burgen errichten, zwang die Einheimischen zu Frondiensten, ließ die von ihm eingesetzten Ritter ins Land ausschwärmen, um Nahrungsmittel zu beschaffen, als seien sie in Feindesland – all dies erbitterte die Bevölkerung, besonders die Bauern. Daß sich Heinrich dabei auf schwäbische Ministeriale stützte, Ritter einfacher Herkunft, beinahe ohne Ahnen, erregte zusätzlich Zorn und Mißtrauen. Man traute ihm zu, er wolle die Sachsen versklaven oder gar ausrotten und an ihrer Stelle Schwaben ansiedeln.

1073 brach der Konflikt offen aus. Er erreichte einen ersten

Auszüge aus den Stammtafeln der Welfen und Staufer

(Die Kaiser und Könige sind unterstrichen.)

| Welfen | Northeimer | Brunonen | Staufer | Salier |

Plantagenets

Heinrich der Schwarze
Hg. v. Bayern, † 1126

Lothar v. Supplinburg ⚭ **Richenza**
Kaiser, † 1137   † 1140

Heinrich der Stolze ⚭ **Gertrud**
Hg. v. Bayern u. Sachsen   † 1143
† 1139

Judith ⚭ **Friedrich**
† 1130/31   Hg. v. Schwaben, † 1105

Friedrich ⚭ **Agnes**
Hg. v. Schwaben   † 1143
† 1147

Konrad III.
König
† 1152

Mathilde
† 1189

⚭

Heinrich der Löwe
Hg. v. Bayern u. Sachsen
† 1195

Friedrich I. Barbarossa
Kaiser, † 1190

Heinrich VI.
Kaiser
† 1197

Philipp v. Schwaben
Gegenkönig
† 1208

Friedrich II.
Kaiser
† 1250

Heinrich
Pfalzgraf
bei Rhein
† 1227

⚭

Agnes v. Staufen

Otto IV.
Kaiser
† 1218

Wilhelm
† 1213

Otto das Kind
Hg. v. Braunschweig
und Lüneburg
† 1252

spätere Welfen

Höhepunkt, als die erbitterten Bauern die Harzburg (etwa 12 km östlich von Goslar) überfielen und schrecklich verwüsteten. Nicht einmal die Gräber verschonten sie. Die Leichen eines Bruders und eines Sohnes des Königs rissen sie aus ihren Grabstätten und streuten sie umher – in den Augen der Zeitgenossen ein furchtbares Verbrechen. Der Adel distanzierte sich zunächst weitgehend von den Aufständischen. Das Bauernheer wurde in Homburg an der Unstrut, in der Nähe von Langensalza, von Heinrich vernichtend geschlagen. Das Zeitalter der Volksheere war vorbei. Auch der sächsische Adel konnte nicht mehr widerstehen, so daß sich im Oktober 1075 ganz Sachsen dem König unterwerfen mußte.

Es folgte der Kampf mit dem Papsttum, der unter dem Namen Investiturstreit im Gedächtnis der Nachwelt lebt. Papst Gregor VII. belegte Heinrich IV. im Jahre 1077 mit dem Bann, was auch seine Absetzung als deutscher König einschloß, und Heinrich mußte in Canossa um Lösung aus dem Bann flehen. Dies gelang ihm zwar, aber sein Ansehen war untergraben. Erneut flammten überall die Kämpfe wieder auf. Diesmal siegten die Sachsen in der Schlacht, aber der Gegenkönig, den sie an ihre Spitze gestellt hatten, wurde im Kampf tödlich verwundet. Dies wurde als Gottesurteil verstanden, und deswegen gingen viele wieder auf die salische Seite über. 1080 hatte Heinrich IV. faktisch gesiegt.

Bedeutsam für die Zukunft war, daß sich zur Zeit der letzten Salier durch verschiedene Heiraten ein großer Besitz- und Machtkomplex in Sachsen herausbildete. Der schon erwähnte Otto von Northeim, einer der bedeutendsten Fürsten in Sachsen, hatte einen Sohn, der Gertrud aus dem Hause der Brunonen heiratete. Diese Brunonen, möglicherweise fern verwandt mit den Ottonen, hatten große Besitzungen um Braunschweig herum und haben der Stadt ihren Namen gegeben. Aus dieser Verbindung der Northeimer mit den Brunonen ging eine Tochter namens Richenza hervor. Diese Richenza heiratete ein Lothar von Supplinburg und erwarb damit einen gewaltigen Besitz. Seine eigene Grafschaft um das heutige Dorf Süpplingenburg bei Helmstedt war nicht allzu bedeutend gewesen. Aber dank seiner Heirat wurde er der mächtigste Mann in Sachsen, und außerdem übertrug ihm der Sohn Heinrichs IV. auch die sächsische Herzogswürde. Als Heinrich V., der letzte salische Herrscher, ohne männlichen Nachkommen starb, konnte Lothar nach der Königswürde greifen.

Lothar, Heinrich der Löwe und Otto IV.

War das Deutsche Reich eine Wahl- oder eine Erbmonarchie? Dies war beim Tode Heinrichs V. offen. Eine Reichsverfassung gab es nicht. Es gab nur die halb abergläubische Vorstellung, man tue gut daran, am Geschlecht erfolgreicher Herrscher festzuhalten, denn mit einer solchen Dynastie seien offensichtlich Heil und Segen verbunden. Ob man die Salier für ein solches mit Königsheil gesegnetes Geschlecht halten wollte, mochte strittig sein. Aber auch wenn ein Königssohn nahezu selbstverständlich seinem Vater folgte, waren bei seiner Einsetzung wahlähnliche Zeremonien beachtet worden.

Nach dem Tode Heinrichs V. im Jahre 1125 berief der Erzbischof von Mainz eine Wahlversammlung ein. Ein engerer Ausschuß aus je zehn Vertretern der deutschen Hauptstämme Schwaben, Bayern, Sachsen und Franken wurde gebildet. Jeder Stamm präsentierte einen Kandidaten. An sich hatte der Schwabe Friedrich die besten Aussichten, denn er war der Neffe des letzten Kaisers und überdies der Schwiegersohn des Bayernherzogs. Aber er stieß anscheinend auf den Widerstand der Kirche. Sie fürchtete, daß Friedrich die antikirchliche Politik wieder aufnehmen könnte, die die Salier im Investiturstreit geführt hatten. Vor allem zog Lothar den Bayernherzog auf seine Seite, indem er ihm versprach, seine Tochter dem Sohn des Bayernherzogs zur Frau zu geben.

Durch diese Konstellation erreichte der sächsische Repräsentant Lothar die Wahl zum deutschen König. Dieser Bayernherzog war ein Welfe. Durch diese Heirat wurden die Welfen im östlichen Sachsen ansässig.

Lothar hat mehrere Jahre kämpfen müssen, ehe er sich gegen seinen schwäbischen Rivalen aus dem Geschlecht der Staufer durchsetzte. Als Lothar nach zwölfjähriger Regierung im Sterben lag, übergab er seinem Schwiegersohn Heinrich dem Stolzen aus dem welfischen Hause die Reichsinsignien. Dieser hatte nun eine gewaltige Macht in Händen. Von seinem Vater hatte er das Herzogtum Bayern geerbt, von seinem Schwiegervater erbte er das Herzogtum Sachsen, außerdem war er Markgraf von Tuszien (der heutigen Toscana). Er wurde jedoch nicht König. Mit kirchlicher Unterstützung wurde in einer sehr anfechtbaren Wahl

Konrad aus dem staufischen Hause zum König gewählt. Als dieser dem Welfen nun auch noch die beiden Herzogtümer Bayern und Sachsen absprach, war der Kampf unvermeidlich. Heinrich der Stolze starb nach einem Jahr. Trotzdem zog sich der Kampf noch vier Jahre hin, bis man dem Sohn Heinrichs des Stolzen wenigstens das Herzogtum Sachsen zurückgab.

Dieser Sachsenherzog ist der bedeutendste Welfe geworden. Die folgenden Jahrhunderte hindurch galt er als der eigentliche Stammvater seines Geschlechts, bis zum heutigen Tage wird er als Gründer der Stadt Braunschweig gefeiert, eine königgleiche Stellung hat er eingenommen – es ist Heinrich der Löwe. Wir müssen länger bei ihm verweilen.

Er ist etwa 1129/30 geboren. Das genaue Datum ist nicht bekannt. Er mag 12 Jahre alt gewesen sein, als er mit dem Herzogtum Sachsen belehnt wurde, auf das er in der mütterlichen Linie, als Enkel Lothar von Supplinburgs Anspruch hatte. 14 Jahre später wurde er auch mit dem Herzogtum Bayern belehnt, das er wegen seiner welfischen Vorfahren beanspruchte, waren doch schon sein Vater und sein Großvater Herzöge von Bayern gewesen. Entscheidend für Heinrichs des Löwen Stellung war, daß er mit seinem Vetter, dem Kaiser Friedrich Barbarossa, eng zusammenarbeitete. Wo immer Streitfälle auftauchten, entschied Friedrich Barbarossa zugunsten des Welfen. An solchen Streitfällen fehlte es nicht. Heinrich der Löwe war in ständige Konflikte verwickelt, nicht zuletzt durch sein rücksichtsloses Vorgehen.

Dafür unterstützte Heinrich Kaiser Friedrich auf seinen Italienzügen. Der Kaiser hatte schwere Kämpfe im Süden auszufechten, teils mit dem Papst, teils mit den Städten, sehr oft mit allen beiden. Häufig war Heinrich der Löwe mit einem starken Heeresaufgebot an den Kämpfen beteiligt.

Heinrichs Expansion richtete sich hauptsächlich nach Nordosten. An der Trave gründete er nach wiederholten Rückschlägen Lübeck und führte zahlreiche Kriege in Mecklenburg, um dieses Land seinem Herrschaftsbereich einzuverleiben. Das einheimische Fürstengeschlecht zu vertreiben gelang ihm letztlich nicht, aber Mecklenburg wurde der christlichen Kirche geöffnet und zu einem erheblichen Teil von deutschen Bauern besiedelt.

Auf dem Höhepunkt seiner Stellung sehen wir Heinrich in großen Teilen Deutschlands Macht und Glanz entfalten. So begab er sich zu Anfang des Jahres 1171 für einige Wochen nach Bayern, im März weilte er dann nördlich des Bodensees, wo er viele schwäbische Große zu einem Hoftag um sich versammelte, in den ersten Maitagen besprach er sich mit dem Kaiser in Donauwörth. Ende Juni war er dann hoch im Norden an der Eider, um sich mit dem Dänenkönig über die Machtsphären in Rügen zu verständigen und ein Heiratsprojekt zu besprechen. Anfang August unterhandelte er in Verden an der Aller mit dem Erzbischof von Bremen, einen Monat später nahm er an der Weihe des Schweriner Doms teil, ehe er nach Sachsen zurückkehrte.

Das kommende Jahr brachte Heinrich wohl den Höhepunkt seines Lebens. An der Spitze von 500 Gefolgsleuten unternahm er eine Pilgerfahrt nach Jerusalem, eine Reise, mit der sich noch Jahrhunderte später die Phantasie der Nachlebenden beschäftigte. Die Reise war nicht ungefährlich. Einmal wurde der Zug überfallen, auf dem Hinweg übers Mittelmeer geriet sein Schiff in Seenot, und auf dem Rückweg, der vorsichtshalber weitgehend zu Lande erfolgte, mußte der Zug in einer wasserlosen Wüste Durst leiden. Aber überaus ehrenvoll war die Aufnahme, die Heinrich allenthalben fand. Besonders der Empfang durch den byzantinischen Kaiser Manuel am Ostersonntag des Jahres 1172 war an Glanz kaum zu überbieten. Von prunkvollen Festzelten im Hippodrom zogen Kaiser und Herzog auf einer purpurbelegten, mit Golddecken überdachten Feststraße zum feierlichen Gottesdienst in die Hagia Sophia. Auch im Heiligen Land, das sich damals in christlicher Hand befand, wurde Heinrich überall außerordentlich geehrt. Freilich zögerte er nicht, reichlich allen Gastgebern Geschenke auszuteilen, und ebenso reichlich empfing er Gaben seiner Gastgeber, darunter auch zahlreiche Reliquien. Von einem moslemischen Sultan, dessen Gast er auf der Rückfahrt war, erhielt er unter anderem zwei zahme Jagdleoparden oder -geparden. Möglicherweise liegt hier der Kern der späteren Sage, Heinrich sei mit einem Löwen aus dem Heiligen Land zurückgekehrt.

Dieses gegenseitige Beschenken war schon ganz von dem Geist ritterlicher Höflichkeit geprägt, der sich um diese Zeit herausbildete. Auch die Sitte, sich Wappen zuzulegen, entstand in dieser Zeit. Es lag auf der Hand, daß sich die Welfen ein Raubtier als Wappenzeichen wählten, bezeichnet Welf oder Welpe doch ein junges Raubtier. Wie selbstverständlich stellte Heinrich einen Löwen in sein Wappen. Schon vor seiner Jerusalemfahrt hatte er ein monumentales, aus Bronze gegossenes, vergoldetes Löwendenkmal vor seinem Braunschweiger Palast errichten lassen. Es ist die erste metallene Freiplastik, die nördlich der Alpen aufgestellt ist, und sie hat sich bekanntlich bis zum heutigen Tage erhalten. Auch seine Burg hat damals schon bestanden, großzügig gestaltet, den großen Kaiserpfalzen ähnlich.

Wenig später begann er mit der Errichtung des Domes. Den Erbauern mag vorgeschwebt haben, den Tempel Salomons nachzubilden. Dazu gehörte auch ein Siebenarmiger Leuchter, und so wurde auch für Braunschweig ein solches Werk geschaffen. Noch heute dominiert er im Braunschweiger Dom, mit seinen sieben Armen den Raum füllend und die sieben Wohltaten des Heiligen Geistes symbolisierend. Auch der Altar stammt aus der Zeit Heinrichs des Löwen. Fünf Säulen tragen ihn. Die mittlere ist hohl, und dieser Hohlraum diente (und dient) zur Aufnahme von Reliquien. Das oberste Stück der Säule, das den Hohlraum abschließt, ist abzunehmen, und auf der Innenseite dieses Stückes ist das Gesicht eines bärtigen, kahlköpfigen Mannes zu erkennen. Es könnte ein Porträt des alternden Herzogs sein. Die zeitgenössischen Beschreibungen würden dazu passen. Wir wissen es nicht.

Noch ein weiteres Werk gehört in die Gründungszeit des Domes – das Imervard-Kreuz. Es ist heute im nördlichen Seitenschiff des Domes angebracht. Der Gekreuzigte ist hier bekleidet gezeigt, und sein fremdartig wirkendes Gesicht strahlt eine große Ruhe und Erhabenheit aus. Vielleicht ist dieses Kreuz neben dem Dom selbst für das heutige Verständnis das eindrucksvollste Kunstwerk aus der Zeit Heinrichs des Löwen.

Der Herzog sparte nicht, wenn es darum ging, den Segen des Himmels mit dem Glanz seines Hauses zu verbinden. Für die zahlreichen Reliquien, die er von seiner Pilgerfahrt ins Heilige Land mitgebracht hatte, ließ er von den besten Goldschmieden der Zeit überaus kunstvolle und kostbare Behältnisse anfertigen. Sie bilden den später so genannten Welfenschatz, der sich heute zum Teil in Berlin, zum Teil in Cleveland/USA befindet.

Auch Werke der Literatur entstanden in der Umgebung des Herzogs. Er selbst hatte großes Interesse an Geschichtsschreibung, und in seinem Machtbereich sind wichtige historische

Werke entstanden. Auch für Dichtungen war er möglicherweise empfänglich, denn ein Geistlicher namens Konrad hat an Heinrichs bayerischem Hof in Regensburg den französischen Sagenstoff von Roland zum ersten Mal in deutscher Sprache gestaltet. Verherrlicht wurde jener Gefolgsmann Karls des Großen, der im Kampf gegen die Heiden gefallen ist, und die Aufnahme dieses Stoffes in der Umgebung Heinrichs des Löwen war eine Huldigung für den Herzog, der ja auch zahlreiche Kämpfe gegen die heidnischen Slawen in Mecklenburg ausgefochten hatte. Freilich war es in Wirklichkeit meistens mehr um Geld als um den christlichen Glauben gegangen, wie schon ein zeitgenössischer Chronist kritisch vermerkte.

Das berühmteste Buch, das Heinrich in Auftrag gegeben hat, ist schließlich das Evangeliar von Helmarshausen. Dieses Buch, das sich heute nach einer komplizierten Geschichte im Besitz der Länder Niedersachsen und Bayern befindet und in der Herzog-August-Bibliothek in Wolfenbüttel aufbewahrt wird, enthält außerordentlich reiche Illustrationen zur Geschichte der vier Evangelien. Aufschlußreich für das Selbstverständnis Heinrichs des Löwen ist ein Blatt, in dem eine Krönung des Herzogs dargestellt ist. Von den Händen Christi werden zwei Kronen auf die Häupter Heinrichs und seiner Gattin Mathilde gesetzt. Hinter Heinrich stehen seine beiden Eltern, dahinter seine Großeltern mütterlicherseits, also Kaiser Lothar und seine Gemahlin. Hinter Mathilde sieht man ihre Vorfahren, nämlich den englischen König mit seiner gleichfalls Mathilde heißenden Mutter, einst als Gemahlin Heinrichs V. deutsche Kaiserin und später englische Königin. Außerdem steht hier noch eine unbekannte Dame. Auffallend ist die Krönung als solche. Nur Könige (oder Kaiser) werden gekrönt. Sollte mit dem Bilde ausgedrückt werden, daß Heinrich wegen seiner Vorfahren und seiner Verwandtschaft eine Krone verdiente? Plante Heinrich gar eine Königskrönung? Schriftlich haben sich solche Gedanken nicht niedergeschlagen, zuzutrauen wären sie ihm.

Heinrichs Stellung war keine Dauer beschieden. Sie beruhte ja weitgehend auf der Verständigung zwischen Kaiser und Herzog, und diese Zusammenarbeit zerbrach. Wann, wo und warum das geschah, wissen wir nicht genau. Erst eine Generation später wurde verzeichnet, Heinrich der Löwe und Friedrich Barbarossa hätten sich im Winter 1175/76 in Chiavenna, nördlich des Comer Sees, getroffen, und der Kaiser habe seinen Herzog kniefällig um Waffenhilfe in einem italienischen Feldzug gebeten, aber der Herzog habe sich geweigert. Dies ist einigermaßen wahrscheinlich. Gut denkbar ist auch, daß der Herzog zur Waffenhilfe bereit gewesen wäre, wenn ihm der Kaiser als Gegenleistung die Stadt Goslar mit den reichen Silbergruben des Rammelsberges übertragen hätte. Aber dieser Vorschlag erschien Barbarossa offenbar als eine nicht zumutbare Erpressung.

Die dauernden Kämpfe und Auseinandersetzungen, die Heinrich mit seinen Nachbarn im Westen und Osten hatte, ermöglichten es Friedrich Barbarossa, entscheidend einzugreifen. Wegen des Vorwurfs ständiger Rechtsverletzungen wurde Heinrich vor den Richterstuhl des Kaisers gerufen. Als der Löwe mehrfach nicht erschien, offenbar böser Ahnungen voll, machte er sich auch noch der Mißachtung der königlichen Obergewalt schuldig. Jedenfalls wurden ihm im Januar 1180 auf einem Reichstag in Würzburg die beiden Herzogtümer Sachsen und Bayern und alle Reichslehen aberkannt.

Natürlich wich der Löwe nicht kampflos. Er fiel zunächst erfolgreich über seine Gegner her, siegte in Schlachten, eroberte Burgen und Städte. Aber seine Härte und Rücksichtslosigkeit, die sich auch gegen seine Vasallen richtete, entfremdete ihm auch bisher treue Lehnsleute. Als der Kaiser selbst anrückte, fielen die Gefolgsleute allenthalben von Heinrich ab. Sein Versuch, sich im Norden zu verteidigen, schlug fehl. 1181 fiel Lübeck, und Heinrich mußte sich im November 1181 dem Kaiser zu Füßen werfen und um seine Gnade flehen. Er konnte froh sein, daß ihm der Kaiser die Eigengüter, den privaten Besitz, beließ, allerdings mit der Auflage, drei Jahre zu seinem englischen Schwiegervater außer Landes zu gehen.

Damit waren die Auseinandersetzungen zwischen Staufern und Welfen nicht beendet. Es gab Versöhnungen, aber auch neue Kämpfe. Zunächst hatten Kaiser Friedrich I., der bis 1190 lebte, und sein Sohn Kaiser Heinrich VI. das Übergewicht. Die Kämpfe endeten auch nicht mit dem Tode Heinrichs des Löwen im Jahre 1195. Ja, die Welfen schienen nach dem Tode Heinrichs VI., der im Jahre 1197 ohne erwachsenen Erben starb, sogar die Herrschaft in Deutschland an sich reißen zu können.

Mehr als jemals zuvor mischte sich der Papst in die deutsche Königswahl ein. Zwei Bewerber gab es: einen Bruder des letzten Stauferkaisers namens Philipp und einen Sohn Heinrichs des Löwen, Otto mit Namen. Weil Otto dem Papst größere Versprechungen machte, setzte dieser die Wahl Ottos durch. Freilich mußte der neue Welfenkaiser sich auch auf dem Schlachtfeld gegen den Staufer durchsetzen. Dies wäre ihm wohl mißlungen, denn das ritterliche Deutschland stand auf seiten des Staufers, der auch schon beträchtliche Erfolge verzeichnen konnte, aber Philipp wurde ermordet, wegen einer Privatangelegenheit übrigens. 1209 wurde Otto IV. vom Papst zum Kaiser gekrönt.

Allein, Otto hatte von seinem Vater das hochfahrende Wesen und den harten, verschlagenen Sinn geerbt. Er machte sich keine Freunde. Es fehlten ihm „milte", „mâze" und „stête", wie man es von einem Ritter forderte. 1212 erschien ein neuer staufischer Thronanwärter auf deutschem Boden, Friedrich mit Namen, ein Sohn Heinrichs VI., der in Sizilien aufgewachsen war. Friedrich trug nicht nur den Namen seines gewaltigen Großvaters, ihn zeichneten auch Jugend und Charme aus, und die Herzen der Deutschen flogen ihm zu. Die Kämpfe hatten aber längst europäische Dimensionen angenommen. Die Welfen standen im Bündnis mit dem englischen Königshaus, die Staufer im Bündnis mit den französischen Capetingern. Der Papst stand – nicht immer, aber meistens – auf welfischer Seite. In Italien nahm jede kleine Herrschaft, jede Stadt, beinahe jede Familie Partei in dem Kampf zwischen Welfen und Staufern, zwischen Guelfen und Ghibellinen, wie man in Italien sagte.

Otto IV. kümmerte sich zunächst nicht um den jungen staufischen Thronanwärter. Er wollte im Zentrum der Kämpfe die Entscheidung herbeiführen und zog deshalb mit einem Heer gegen den französischen König Philipp August. Durch flämische und englische Truppen verstärkt, trat er den Franzosen im Juli 1214 bei Bouvines entgegen. Der Kampf schwankte hin und her, am Schluß jedoch mußte der Kaiser fliehen. Triumphierend schickte der französische König den erbeuteten Reichsadler an den staufischen Thronanwärter. Ottos IV. Macht war gebrochen. Fast unbeachtet starb er 1218 auf der Harzburg.

Ein großer Kampf war beendet. Vierzig Jahre hatten Staufer und Welfen gegeneinander gekämpft. Dieser Kampf war nur das letzte

Kapitel gewesen in einem fast 200jährigen Kampf zwischen Nord- und Süddeutschland um die Vorherrschaft im gesamten Deutschland. Der Norden war unterlegen. Die deutschen Kaiser und Könige wurden fortan aus Geschlechtern Süddeutschlands gewählt. Sie blieben auch im Süden. Nur noch einmal ist ein mittelalterlicher Kaiser in den Norden gereist. Norddeutschland wurde ein „kaiserfernes" Land. Das Reich war im Norden kaum präsent, nicht einmal durch zahlreiche Reichsstädte. Lübeck wurde zwar durch Friedrich II. zur reichsunmittelbaren Stadt, später wurden auch Hamburg und Bremen Reichsstädte, und außerdem blieb Goslar, um das sich Heinrich der Löwe vergeblich bemüht hatte, im Besitz des Reiches. Goslar war aber eine einsame reichsunmittelbare Insel in einem Meer von fürstlichen Besitzungen.

Als Ergebnis dieser Kämpfe schälten sich nicht große Territorien heraus, sondern zerstückelter Kleinbesitz. Kleine Fürsten und übermütige Ritter rangen künftig um kleine und kleinste Vorteile. Die Ansätze zu einem großen Staat, wie er sich in Frankreich und zum Teil in England herausbildete, wurden in Deutschland durchkreuzt. Das gab dem westlichen Nachbarn Deutschlands vielleicht den entscheidenden Entwicklungsvorsprung, der sich möglicherweise bis in die Gegenwart bemerklich gemacht hat. Man kann das vermuten, aber beweisen kann man es nicht. Die Geschichte erlaubt es nicht, das Rad noch einmal zurückzudrehen und eine andere Variante zu erproben. Aber kein Zweifel ist daran möglich, daß das östliche Niedersachsen von der Zeit der Ottonen bis zur Zeit Heinrichs des Löwen und Ottos IV. eine entscheidende Rolle in der deutschen Geschichte gespielt hat. Diese Region hat danach nie wieder die erste Stelle im Reich einnehmen können, aber sie hat es verhindert, daß sich kaiserliche Macht auch im Norden etablieren konnte.

Die späteren Welfen

Der letzte Stauferkaiser Friedrich II. lag fast während seiner gesamten Regierungszeit in einem erbitterten Kampf mit dem Papsttum. Vielleicht hätte sich deshalb für die Welfen noch einmal die Möglichkeit geboten, im Bündnis mit der Kirche nach der Vorherrschaft in Deutschland zu streben. Sie haben darauf verzichtet. Ein Enkel Heinrichs des Löwen, Otto das Kind genannt, suchte und fand die endgültige Aussöhnung. Im Jahre 1235 wurde er mit einem neu geschaffenen Herzogtum belehnt, dem Herzogtum Braunschweig-Lüneburg. Der Vorgang verdient eine genauere Betrachtung.

Zur Zeit der Ottonen hatte es nur die sogenannten Stammesherzogtümer gegeben, die nach den großen deutschen Stämmen genannt waren. Die Herzöge waren so etwas wie verantwortliche Verwalter dieser Gebiete, eine Art Unterinstanz unter dem König. In diesem Sinne war Heinrich der Löwe Herzog von Bayern und Sachsen gewesen. Sieht man genauer hin, war auch das schon nicht mehr ganz richtig. Er hatte das von dem bayerischen Volksstamm bewohnte Gebiet nicht mehr vollständig übertragen erhalten. Friedrich Barbarossa hatte einen Teil abgetrennt, nämlich die Mark Österreich, und als selbständiges Herzogtum unter den Babenbergern etabliert. Beim Sturz des Löwen wurden neue Teilungen vorgenommen. Von Heinrichs bayerischem Herzogtum wurde erneut ein Stück abgetrennt (Kärnten) und der Rest den Wittelsbachern übertragen. Das Herzogtum Sachsen wurde aufgeteilt. Der westliche Teil wurde an den Erzbischof von Köln, der größere Teil an die Askanier vergeben. Beide konnten sich in Sachsen aber nicht durchsetzen, sondern territoriale Gewalten behaupteten sich. Dazu gehörten die Bistümer Hildesheim und Halberstadt und nicht zuletzt die Welfen auf ihrem Eigenbesitz, der ja Heinrich dem Löwen wieder zugesprochen war. Aber die Askanier, die ihren Machtschwerpunkt an der Elbe und Saale hatten, schmückten sich künftig mit dem Titel eines Herzogs von Sachsen. Auf diese Weise begann sich die politische Bezeichnung „Sachsen" nach Osten und Südosten zu verlagern.

Für die politische Begrifflichkeit wurde es also entscheidend, daß das neue Herzogtum, das für Otto das Kind 1235 aus der Mitte des ehemaligen Herzogtums Sachsen herausgeschnitten wurde, nicht den Sachsennamen erhielt, sondern den neuen Namen Herzogtum Braunschweig–Lüneburg. Immerhin war es ein gleichberechtigtes Herzogtum und unterstand auch formal nicht den Askaniern.

Dieses neue Territorium umfaßte den größten Teil der welfischen Eigengüter. Es erstreckte sich etwa von Göttingen an der Leine bis an die Elbe bei Lüneburg. Otto und seine Nachfolger konnten weitere Gebiete hinzuerwerben. Machtpolitisch bedeutsamer war, daß die Welfen ihr Gebiet immer wieder teilten, und zwar nicht nur den Privatbesitz, sondern auch die Herrschaftsrechte. Die Könige und Kaiser erhoben dagegen keinen Einspruch, denn die anderen deutschen Fürsten verhielten sich nicht anders. Bis 1495 kann man zwölf Teilungen unterscheiden. Am häufigsten wurde geteilt, indem der ältere Sohn die beiden Teile definierte und der jüngere dann wählte – wenn es zwei Söhne gab. Diese Prozedur war zwar gerecht, führte aber dazu, daß aufs sorgsamste Einkünfte, Besitztümer oder Herrschaftsrechte gegeneinander abgewogen wurden und die Teilungen unbekümmert um den geographischen Zusammenhalt vorgenommen wurden. Außerordentlich zerrissene Gebiete waren das Ergebnis.

Die welfische Herrschaft wäre in winzige Stücke aufgesplittert worden, wären nicht auch immer wieder Familienzweige ausgestorben. Neben den Teilungen gab es die Zusammenfügungen. Soviel war nämlich den welfischen Fürsten klar: Sie bildeten eine einzige große Familie, und das Land war fürstlicher Gesamtbesitz. Das galt besonders für die beiden wichtigsten Städte, nämlich Braunschweig und Lüneburg. In beiden Städten hatten die Welfen nicht viel zu bestimmen – es wird davon zu sprechen sein – aber formal behaupteten die welfischen Fürsten die Auffassung, sie hätten gemeinsam die Herrschaft inne.

Nur einmal ist den Welfen von außen die Herrschaft über ihr Territorium ernsthaft bestritten worden. Als eine in Lüneburg regierende welfische Linie ohne männliche Nachkommen auszusterben drohte, belehnte Kaiser Karl IV. einen Askanier mit dieser Herrschaft. Das war 1355. Der Kaiser argumentierte, ohne männliche Nachkommen falle das Lüneburger Gebiet an das Reich und könne neu vergeben werden. Die welfische Seite machte dagegen geltend, daß durchaus Nachkommen im Gesamtbereich des Herzogtums Braunschweig-Lüneburg existierten und daß diese deshalb allein erbberechtigt seien. Natürlich wurde die Entscheidung der Waffen angerufen. Der „Lüneburger Erbfolgekrieg" währte von 1371 bis 1388, und mit einigem Glück behaupteten sich die Welfen in dieser Fehde.

In diesen Kämpfen begannen die Herzöge neben dem Löwen auch das „Niedersachsenroß" in ihrem Wappen zu führen. Sie wollten damit dokumentieren, daß sie sich als die eigentlichen

Vertreter des Landes und des sächsischen Stammes fühlten. Die Chance aber, das gesamte Land zusammenzufügen, die sich ihnen wegen des Aussterbens einzelner Familienzweige mehrfach bot, haben sie nicht ergriffen, sondern neue Teilungen vorgenommen. Insgesamt haben sie deshalb während des späten Mittelalters keine bedeutende Rolle mehr im deutschen Reich spielen können.

Grundherrschaft und mittelalterliche Landwirtschaft

Fürstlicher Glanz und fürstliche Kämpfe sind nur eine Seite des geschichtlichen Lebens. Die weit überwiegende Masse der Bevölkerung wurde davon nicht berührt oder nur als Opfer in Mitleidenschaft gezogen. Die weit überwiegende Masse der Bevölkerung – das waren die Bauern. Sie lebten im frühen und hohen Mittelalter weit über das Land verteilt, nicht in großen, geschlossenen Dörfern, sondern in kleinen Streusiedlungen, wo nur wenige Höfe, vielleicht drei bis fünf, beieinander standen. Solche Siedlungen oder Kleindörfer mögen um die 100 Einwohner gehabt haben. Es gab aber mehr Ortschaften als heute. Um 1300 waren es mehr als 700, vielleicht 760. Auf dem Boden des späteren Herzogtums Braunschweig hat es um 1900 aber nur noch etwas über 400 Orte gegeben. Heute sind es wegen der Eingemeindungen noch weniger. Natürlich war deshalb im Hohen Mittelalter die Siedlungsdichte größer, die Entfernung von einem Ort zum anderen geringer.

Um die Ortschaften lag ein Gürtel von Gärten. Darum breitete sich die Feldmark. Sie wurde durchzogen von Gemeindeländereien, die man gewöhnlich als Weiden nutzte. In einiger Entfernung stand der Wald, den man ebenfalls als Weide für Rinder und Schweine nutzte. Das Holz diente zum Heizen und Kochen, zur Herstellung landwirtschaftlicher Geräte und Behälter und zum Bauen.

Es gab kaum Dinge, die nicht auf dem Lande und mit ländlichen Mitteln hergestellt wurden. Selbstverständlich wurden alle Nahrungsmittel auf dem Lande erzeugt und verarbeitet. Dazu gehörten auch die Getränke. Bier wurde in den Bauernhäusern ebenso gebraut wie Wein gekeltert. Selbst in diesen nördlichen Gefilden gab es Weinbau. Da weder Kirche noch Adel auf Wein verzichten wollten und der Handel mit Massengütern kostspielig war, nahm man hier lieber mit einem einheimischen Tropfen vorlieb als ganz auf dieses Getränk zu verzichten.

Alle Textilien stammten aus häuslicher Produktion. Leinen war die Grundlage der heimischen Kleidung. Flachs wurde von den Bauern angebaut, versponnen und verwebt. Auch die Herstellung des Schuhwerks erforderte keine städtischen Handwerker. Sogar Töpfe und Kannen wurden im Dorf geformt und gebrannt.

Auch die ländlichen Gebäude wurden ganz aus eigener Kraft hergestellt. Im Wald gab es Bauholz, mit dem man ein Fachwerk errichten konnte. Weidengeflecht fand man am Bach, und Lehm lieferte die Feldmark, so daß man die Gefache ausfüllen konnte. War kein Ried in der Nähe, deckte man das Dach mit Stroh. Handwerker benötigte man dazu nicht, höchstens für den Kirchenbau wurden sie gebraucht. Im großen und ganzen war das Land autark. Nur Metalle mußten von außen eingeführt werden, obgleich natürlich jeder Nagel und jedes Hufeisen wiederbenutzt wurden, und Salz mußte von außen zugekauft oder eingetauscht werden. Wirtschaftlich hätten die Dörfer die Außenwelt kaum gebraucht.

Anders war es politisch-militärisch. Die Bauern waren nicht fähig, sich gegen die Außenwelt zu verteidigen. Den gepanzerten, für den Krieg ausgebildeten und im Krieg erprobten Rittern konnten sie keinen erfolgreichen Widerstand entgegensetzen. Es gab nur wenige Ausnahmen (z. B. in der Schweiz und an der Nordseeküste). Deshalb waren fast alle Bauern irgendwelchen Herren unterworfen, die unter dem Vorgeben, für den Schutz der bäuerlichen Gemeinschaft zu sorgen, Abgaben erhoben.

Freie Bauern waren selten. Aber es gab sie, und es gab sie auch im Braunschweigischen. In einigen Dörfern des späteren Landes Braunschweig (z. B. Sickte, Bettmar, Bornum) haben sich bis zum Ausgang des Mittelalters Freiengerichte erhalten, d. h., die Bauern hatten die niedere Gerichtsbarkeit inne und erkannten keinen Herrn über sich und ihr Land an. Nur für den militärischen Schutz entrichteten sie eine kleine Abgabe. Diese Institution war alt und reichte in die Zeit Heinrichs des Löwen oder weiter zurück. Daß sie ein Überbleibsel eventueller germanischer Volksfreiheit war, ist aber wenig wahrscheinlich. Eher ist anzunehmen, daß diese freien Bauern ihre Rechte in alten Zeiten bekommen haben, weil sie den Boden gerodet hatten.

Für die Zeit Heinrichs des Löwen und früher war eher die Fronhofverfassung kennzeichnend. Ein großer Hof gehörte bei diesem System direkt der Herrschaft, und an diesen Hof hatten zahlreiche abhängige Bauern Abgaben zu liefern und auf ihm Dienste zu leisten. Ein Beispiel liefert etwa Semmenstedt, etwa 12 km südöstlich von Wolfenbüttel gelegen. Dort gruppierten sich 52 kleinere Bauernstellen mit je einer Hufe um einen Haupthof von 9 Hufen. Die Hufenmaße schwankten, sie mögen hier 25 bis 30 Morgen umfaßt haben. (Der Morgen hier und im folgenden immer zu 2 500 m^2 gerechnet.)

Diese Fronhofverfassung war nicht von Dauer. Die Herren, etwa die Fürsten, die Bischöfe oder Klöster, bewirtschafteten die Fronhöfe nicht selbst, sondern durch Verwalter. Diese machten ihre Stellung mit der Zeit erblich und rissen den Besitz der Herren an sich. Die ursprünglichen Eigentümer mußten froh sein, wenn sie wenigstens die Abgaben der abhängigen Bauern behielten, indem sie sie direkt einzogen.

Ein solches Recht, Dienste und Abgaben von den Bauern fordern zu können, war der Kern der Grundherrschaft. In diesem sozialen System lebte der größte Teil der bäuerlichen Bevölkerung dieser Region bis ins 19. Jahrhundert. Grundherrschaft beinhaltete einmal die Herrschaft über den Grund und Boden, deshalb das Recht auf Dienste und Abgaben. Grundherrschaft schloß auch die Herrschaft über die Personen ein. Deshalb „erbten" die Grundherren mit, wenn ein Bauer starb, und sie hatten ein Bewilligungsrecht bei Heirat, bei Kauf und Verkauf und sie hatten das Recht, die Bauern an die Scholle zu binden. Schließlich waren die Grundherren auch Gerichtsherren. Dafür hatten sie die Bauern bei Krankheit, Mißernte, Feuersnot und Viehsterben zu unterstützen und in Kriegszeiten zu schützen. (Das taten sie in der Regel nur unvollkommen, denn die Kriegführung bestand weithin darin, die Bauern der Gegenseite möglichst gründlich auszuplündern.)

Die Bauern ernährten die übrige Gesellschaft. Dies gilt nicht nur rechtlich, sondern ganz konkret, wie man sich immer wieder klarmachen muß. Nur in dem Maße konnte es eine nichtbäuerliche Gesellschaft geben, wie die Bauern imstande waren, andere Menschen mitzuernähren. Ihre Zahl wuchs im Laufe des Mittelalters, denn die landwirtschaftliche Technik verbesserte sich erheblich.

Ein großer Fortschritt war die Einführung der Dreifelderwirtschaft an Stelle der alten Graswirtschaft. Jetzt wurde nur noch ein Drittel des Bodens brach liegengelassen, während man vorher nur unregelmäßig den Acker bebaut hatte. Ein anderer großer Fortschritt verband sich mit der Einführung von rädergestützten Beetpflügen mit ihrer schollenwendenden Schar, die die alten Hakenpflüge verdrängten. Eine bessere Anspannung, z. B. durch Kummets, nutzte die Zugkraft der Pferde besser aus. Sie konnten dadurch auch Wagen mit vier Rädern ziehen, die die alten zweirädrigen Karren ablösten. Die Wassermühlen, die allenthalben an den Bächen der Mittelgebirge gebaut wurden, und die Windmühlen im Flachland ersetzten die alten Handmühlen. Die Teile der landwirtschaftlichen Gerätschaften, die am meisten beansprucht wurden, z. B. die Kanten des Spatenblattes und der Schar, wurden jetzt aus Eisen gefertigt. Die Ernteerträge haben sich durchschnittlich von der Karolingerzeit bis zum Ende des 13. Jahrhundert von etwa 1 : 3 auf etwa 1 : 5 gesteigert (Verhältnis Aussaat zu Ernte).

Solche Verbesserungen, an denen diese Region selbstverständlich teilnahm, konnten die Ernährungslage jedoch nicht anheben. Ein starkes Bevölkerungswachstum zehrte das Mehr an landwirtschaftlichen Produkten wieder auf. Auch in dieser Region dürfte die Bevölkerung von 1000 bis 1350 auf das Dreifache zugenommen haben. Es wurde versucht, durch Rodungen weitere landwirtschaftliche Flächen zu gewinnen.

Bei dem starken Bevölkerungswachstum waren Abwanderungen nicht erstaunlich. Besonders die Städte zogen viele Menschen an, ohne daß sie der Grundherr nach Jahr und Tag zurückholen durfte. „Stadtluft macht frei", sagte man stolz hinter städtischen Mauern. Aber auch die Wanderung deutscher Bauern in den dünnbesiedelten Osten findet in der Übervölkerung des Altreichs eine zwanglose Erklärung.

Das Bevölkerungswachstum fand mit dem Auftauchen der Pest vorläufig ein Ende. 1350 erreichte sie Braunschweig und das Braunschweiger Land. Etwa ein Drittel der Bevölkerung starb. Viele Bauernhöfe verwaisten. Bis zur Hälfte der kleinen Ortschaften wurden aufgegeben. Die Menschen zogen in günstiger gelegene Dörfer. Auch die Rodungen wurden eingestellt. Die Verteilung von Wald und freier Landschaft hat sich seitdem im braunschweigischen Kerngebiet nicht mehr wesentlich verändert. Die bisherigen Feldmarken wurden jedoch auch nach der Pestkatastrophe weiter genutzt, und sei es durch extensive Beweidung.

Das Ergebnis war eine stark gestiegene Lebensmittelproduktion, gemessen pro Kopf der Bevölkerung. Das führte zu einem Sinken der Lebensmittelpreise. Nutznießer dieser Entwicklung waren die Städter, Leidtragende waren weniger die Bauern, die wie eh und je weitgehend Selbstversorger waren, sondern vor allem die Grundherren, die mit den überkommenen bäuerlichen Abgaben weniger als vorher in der Lage waren, ihre Ausgaben etwa für Waffen und Kleidung zu decken. Sie versuchten, die Belastung der Bauern zu erhöhen.

Für die braunschweigische Agrargeschichte war es von fundamentaler Bedeutung, daß Herzog Heinrich der Friedfertige 1433 einen Landtagsabschied erwirkte, der die Belastung der Bauern begrenzte. Der „Bedemund", eingefordert für die Erlaubnis zur Heirat, sollte nur noch in alter Höhe verlangt werden dürfen, und die „Baulebung", auf die der Herr beim Tode seines Hintersassen Anspruch hatte, wurde je nach Größe des Hofes auf das zweitbeste Pferd, die zweitbeste Kuh oder das zweitbeste Kleid begrenzt. Damit wurde eine Bauernschutzpolitik eingeleitet, die in den folgenden Jahrhunderten fortgesetzt wurde und die Bauern dieser Region deutlich besser stellte als im östlichen Deutschland.

Recht gut sind wir über die landwirtschaftlichen Zustände am Ausgang des Mittelalters bzw. zu Beginn der Neuzeit unterrichtet. Auf einem Gut in Offleben (südlich von Helmstedt) von 432 Mg. Ackerland und etwas über 20 Mg. Wiesen waren 1587 beschäftigt: ein Schreiber, ein Hofmeister, ein Schließer, ein Mühlenknecht, ein Schirrmeister, ein Enke, je zwei Pflugknechte und Pflugjungen, ein Wechseljunge, ein Schweineknecht, ein Futterschneider, ein Hopfenvogt, ein Holzvogt, eine Köchin, vier Mägde, sechs Drescher, ein Kuh-, ein Pferde- und ein Gänsehirt und ein „Pfänder" (der ausgebrochenes Weidevieh einzufangen und Flurschaden zu verhüten hatte). In der Ernte- und Saatzeit wurden zusätzlich Arbeitskräfte eingestellt. Wie die Bezeichnungen für das Gesinde verdeutlichen, hatten alle ihre festgelegte Arbeit.

An jedem Tag gab es drei Mahlzeiten, alle aus drei Gängen bestehend, nämlich 1. Vorkost, 2. Trockenfleisch oder Speck, 3. Frischfleisch „oder sonst ander Essen" (freitags Fisch). Sicherlich gab es dazu Gemüse und Brot. Zeitweise wurde einer der Gänge auch durch Biersuppe ersetzt. Das Getränk war „Speisebier" oder Dünnbier. Bauern, die Herrendienste ableisteten, wurden ebenfalls reichlich beköstigt. Vor allem erhielten sie Bier, so viel sie wollten, wodurch sich das Abendessen gewaltig ausdehnte und ausgesprochen lustig wurde.

Im Braunschweigischen wurde am meisten Hafer angebaut, gefolgt von Gerste, Roggen und Weizen. Die Ernteergebnisse schwankten selbstverständlich je nach Witterung, Bodengüte und Düngezustand. Angegeben werden folgende Ernteergebnisse pro Mg: Weizen: 2,75 dz, 2,25 dz, 1,5 dz; Roggen: 2,23 dz, 2 dz, 3,5 dz; Gerste: 2,3 dz, 3 dz; Hafer: 1,83 dz, 1,54 dz, 2 dz. Ein Hof in Siegersleben von 1 000 Morgen besaß 1576/77 135 Stück Rindvieh, 809 Schafe, etwa 132 Schweine und 20 Ferkel sowie 53 Pferde. Während das Vieh zum größten Teil auf den Höfen verwertet wurde, kam das Getreide der erwähnten großen Güter zu nicht geringem Teil zum Verkauf, und zwar 42 % der Gerste und 22 % des Roggens. Insgesamt blieb den Eigentümern nicht viel Überschuß. Die Bauern und ihr Gesinde konnten leben, nicht ganz schlecht, wie die Mahlzeiten ausweisen. Auf mehr kam es nicht an.

Die Hansestadt Braunschweig

Im Jahre 861, so berichtet die Sage, hätten die beiden Brüder Bruno und Dankward die Stadt Braunschweig gegründet. Bruno habe eine Ortschaft, eine Wiek, auf dem rechten Okerufer erbaut, und Dankward habe am linken Okerufer eine Burg errichtet. Die Wiek hätten sie dann gemeinsam auf das linke Ufer verlegt. Aus diesen Keimzellen, dem Ort Brunswiek und der Burg Dankwarderode, habe sich die spätere Stadt Braunschweig entwickelt.

Nachzuweisen ist das nicht. Kein zeitgenössisches Schriftstück berichtet etwas von einem Bruno oder Dankward. Aus archäologischen Funden weiß man jedoch, daß das Burggelände seit der 2. Hälfte des 9. Jahrhunderts befestigt war und daß eine Kirche mit Friedhof auf dem Kohlmarkt ebenfalls in dieser Zeit gegründet worden ist. Die älteste schriftliche Erwähnung Braunschweigs datiert jedoch erst von 1031, als die Magnikirche in der Altewiek mit Grundbesitz ausgestattet wurde.

Welche Faktoren in der Frühzeit das Emporwachsen der werdenden Stadt begünstigt haben, ist nicht sicher zu erkennen. Die große Ost-West-Verbindung nördlich der Mittelgebirge verlief ursprünglich südlich des Elm und überquerte die Oker bei Ohrum. Vielleicht hat eine Rolle gespielt, daß die Oker von Brunswiek aus für kleinere Kähne schiffbar war, so daß verhältnismäßig leicht Waren bis Bremen transportiert werden konnten. In dieser Anfangszeit hat sicher auch der Schutz durch die Fürsten eine Rolle gespielt. Vielleicht hat Dankwarderode, die Burg der Brunonen, den Okerübergang sicherer gemacht.

Faßbar ist vor allem die Förderung, die Heinrich der Löwe der Stadt zuteil werden ließ. Schon vorher hat die Altstadt bestanden. Ihre Hauptstraße war die Breite Straße, vom Altstadtmarkt nach Norden gerichtet, hin zu den Seestädten, mit denen sich der Haupthandel vollzog. In der Breiten Straße waren die Hausgrundstücke am größten. Hier wohnten in den folgenden Jahrhunderten die vornehmsten Kaufmannsgeschlechter. Heinrich der Löwe erweiterte die Stadt, indem er längs des Okerlaufes, im Bereich des heutigen Bohlwegs, einen neuen Stadtteil gründete, nämlich den Hagen. Zur Trockenlegung des Geländes holte Heinrich Friesen oder Flamen in die Stadt. Der Hagenmarkt wurde das Zentrum dieses Weichbildes. Schließlich könnte auch das Weichbild Neustadt um die Andreaskirche noch auf Heinrich den Löwen zurückgehen. Das gesamte Gebiet wurde von einer Stadtmauer umzogen, so daß die Burg, auf der sich die prachtvolle Hofhaltung entfaltete, mitten in der Stadt lag, ganz ungewöhnlich für die damalige Zeit. Später verließen die welfischen Herzöge denn auch die Stadt und kehrten erst im 17. Jahrhundert zurück.

Eine mittelalterliche Stadt ertrug auf die Dauer die Fürsten nämlich nur ungern. Die Stadt setzte ihr eigenes Recht, bildete ihre eigene Ordnung. Sie hatte in Handel und Handwerk ihre eigene wirtschaftliche Grundlage. Sie war wehrhaft. Anders als die Bauern brauchten sich die Bürger ritterlichen Ansprüchen nicht zu beugen. Hinter ihren Gräben und Mauern, mit einigen hundert oder tausend waffenfähigen Männern war eine Stadt kaum zu besiegen. Die Bürger waren überzeugt, ganz aus eigener Kraft auf eigenen Füßen zu stehen.

Tonangebend unter den Bürgern waren die Fernhandelskaufleute. In jungen Jahren begaben sie sich in die Fremde, um Geschäftsgebräuche zu lernen und Verbindungen anzuknüpfen, später kauften sie Waren ein, ganze Wagenladungen und Wagenzüge voll, und verkauften sie woanders mit gutem Gewinn, oft 50 % und mehr. Nach ein oder zwei Jahrzehnten Handelstätigkeit zogen sie sich gewöhnlich aus dem Geschäftsleben zurück und dienten ihrer Vaterstadt in der Politik. Daß die führenden Fernhandelsfamilien vorwiegend untereinander heirateten, war selbstverständlich. Ein Außenseiter hatte es schwer, in diese Schicht der Großhandelskaufleute und Ratsherren einzudringen.

Sozial unter den Kaufleuten standen die Meister der großen Gilden. So wurden die Handwerksinnungen in Braunschweig genannt. Die Tuchmacher und die Metallhandwerker waren wohl die wichtigsten in Braunschweig. Zahlenmäßig stark vertreten waren auch die Schneider, Schuster, Knochenhauer und Bäcker. Die Gilden regelten nicht nur die Ausbildung ihrer Angehörigen und ihre Zulassung als Meister, sie überprüften auch die Qualität der Produkte und setzten vielfach die Preise fest. Die Gildeangehörigen bildeten unter sich auch eine gesellige und sogar religiöse Gemeinschaft, und sie unterstützten sich in Notfällen.

Außerdem gab es in Braunschweig wie in allen mittelalterlichen Städten eine Unterschicht. Sie umfaßte Menschen, die kein Handwerk gelernt hatten und sich mit Hilfsarbeiten, als Knechte und Tagelöhner ihr Brot verdienten oder gar auf Almosen angewiesen waren. Die gänzlich Mittellosen mögen (um 1400) in Braunschweig etwa 16 % der Bevölkerung ausgemacht haben, eine Unterschicht 34 %, die Mittelschicht 39 % und die gehobene Mittelschicht zusammen mit der Oberschicht 11 %. Die wohlhabenden Schichten waren in einer reinen Handelsstadt wie Lübeck wesentlich stärker vertreten. Dagegen waren in der Gewerbestadt Augsburg, wo wegen einer ausgedehnten Leinenweberei vorindustrielle Zustände mit einem vorindustriellen „Proletariat" herrschten, die Unterschichten wesentlich stärker. Braunschweig hielt die Mitte zwischen einer reinen Handels- und einer überwiegenden Gewerbestadt.

Die eigentliche wirtschaftliche Grundlage war die Metallverarbeitung. Der Erzbergbau des Harzes lieferte Metalle jeder Art, und sie wurden von Braunschweiger Handwerkern zu Becken, Kesseln, zu Goldschmiedearbeiten und Silberwaren verarbeitet, nicht zuletzt auch zu Waffen. Schwerter, Harnische, später auch Gewehre und Kanonen wurden hier in großer Zahl hergestellt. Braunschweig sei die Waffenkammer unter den Städten, hat man später gesagt. Exportiert wurde auch Korn, außerdem Produkte, die auf der landwirtschaftlichen Erzeugung der Umgebung beruhten, nämlich (gröberes) Tuch und Bier. 1390 wurde zuerst Mumme erwähnt, jenes dunkle, dicke und süße Bier, das besonders haltbar war und sich deshalb für Seereisen gut eignete. Eingeführt wurden die Rohstoffe für die Herstellung der Exportwaren, außerdem feinere Textilien, Gewürze, Wein, Einbecker Bier, Fleisch, Fett und Fisch.

Die Stadt hatte zwar „nur" etwas über 15 000 Einwohner, aber damit war sie eine der großen Städte in Deutschland, die größte in der norddeutschen Tiefebene. Braunschweig blühte, die Zeitgenossen bezeugten es immer wieder. Es gelang der Stadt weitgehend, den Verkehr an sich zu ziehen, der aus Mittel- und Süddeutschland in den Norden führte. Wer aus Nürnberg oder Prag, aus Leipzig oder Frankfurt Waren nach Hamburg oder Lübeck führte, reiste durch Braunschweig. Die Okerschiffahrt vermochte aber nur einen Teil der Waren aufzunehmen. Zollpolitische Querelen erschwerten den Schiffsverkehr zusätzlich. Der Landverkehr war langsam, unsicherer und weniger leistungsfähig, ein Nachteil, mit dem die Stadt leben mußte. So konnte man schon früh hören:

> „O Brunswik, werestu waters rike,
> dar en were nummer dins gelike!"

> (O Braunschweig, wärest du wasserreich,
> dann wäre niemand mit dir gleich.)

Selbstverständlich verwaltete sich die Stadt selbst. Sie war eine Art Union aus fünf Stadtteilen oder Weichbildern. An der Spitze stand das Weichbild Altstadt, dominiert von ihren wohlhabenden Fernkaufleuten, dahinter der Hagen und die Neustadt. Neben diesen drei „vorderen" Weichbildern spielten Altewiek und Sack eine geringere Rolle. Jedes Weichbild hatte seine eigene Verfassung, sein eigenes Rathaus, seinen eigenen Markt und eigene Kirchen. Genaugenommen gab es innerhalb der Stadtmauern sogar sieben politisch unterschiedlich strukturierte Gebiete. Zu den fünf Weichbildern müssen die Burg Dankwarderode mit dem Dom (der Stiftskirche St. Blasii) sowie die Ägidienkirche mit ihrer „Klosterfreiheit" hinzugerechnet werden. Diese beiden exterritorialen Gebiete unterstanden niemals der offiziellen städtischen Verwaltung. Trotzdem funktionierte dies kompliziert gestaltete Gemeinwesen, wenngleich nicht ohne erhebliche Reibungen.

Zunächst vertraten die Kaufleute der Altstadt zusammen mit denen des Hagens und der Neustadt die Stadt nach außen und regelten auch die gemeinsamen Belange unter Hinzuziehung einiger weniger Gilden. Mit dem Erstarken der Handwerkerschaft und ihrer wachsenden wirtschaftlichen Bedeutung mehrte sich aber die Opposition, eine Opposition auch gegen die Vorherrschaft der Altstadt. Schließlich erhoben sich 1374 die Gilden zusammen mit dem „kleinen Mann der Straße". Ratsmitglieder wurden umgebracht, andere mußten fliehen. Die Hanse schloß die aufständische Stadt aus ihren Reihen aus (Braunschweig wurde „verhanst"), und die Stadt mußte sich schließlich in aller Form der Hanse unterwerfen. Sie behielt aber ihre „revolutionäre" Verfassung bei. Die Dominanz der Altstadt wurde weitgehend beseitigt, und neben den Fernhändlern und den wenigen, bisher bevorrechteten Gilden erhielten weitere neun Gilden die Teilhabe am Stadtregiment. Als eigentlich entscheidendes Gremium, eine Art gemeinsame Regierung, wurde der sogenannte Küchenrat gebildet. Damit war die Führung der Stadt auf eine breitere Grundlage gestellt, wenn man auch von Demokratie im modernen Sinne weit entfernt war.

Noch fünf weitere „Schichten" (d. h. Unruhen, Revolutionen; von Geschichte und Geschehen abgeleitet) verzeichnet die mittelalterliche Stadtgeschichte Braunschweigs. Sie alle hatten unterschiedliche Ergebnisse, keine hatte die Einführung der Demokratie zum Ziel. Demokratie war auch in einer republikanischen Stadt des Mittelalters nicht vorstellbar.

An der Hanse war Braunschweig von Anfang an beteiligt. Mehrfach hat die Hanse hier getagt. Braunschweig war der Vorort des „Sächsischen Drittels" der Hanse, die wichtigste Stadt im Binnenland. Sie lebte von und mit den Vorteilen, die sich aus der ständigen gegenseitigen Unterstützung ergaben. Der zeitweilige Ausschluß aus der Hanse im Jahre 1375 während der „Großen Schicht" war für die Wirtschaft der Stadt nahezu unerträglich.

Fast ebenso wichtig wurden die militärischen Vorteile, die das Zusammenwirken der Städte bot. An 57 Städtebündnissen hat Braunschweig zwischen 1245 und 1490 teilgenommen. Der Sächsische Städtebund aus der 1. Hälfte des 15. Jahrhunderts umfaßte z. B. 25 Städte. Braunschweig war die Hauptstadt dieses Bundes. Hier tagten einmal jährlich zwischen Ostern und Pfingsten die Vertreter der 25 Städte, legten die gemeinsamen Maßnahmen fest und bestimmten die Truppenkontingente und die Beiträge zur gemeinsamen Kriegskasse.

Im 14. Jahrhundert sah es so aus, als seien die Städte leicht imstande, sich adeliger Gegner zu erwehren. Denn nachdem sie von fürstlichen Herren gegründet oder entscheidend unterstützt worden waren – wie Braunschweig durch Heinrich den Löwen – hatten sie in der folgenden Zeit die Herrschaft ihrer Herren mehr und mehr abschütteln können. So verpfändeten die braunschweigischen Herzöge allmählich immer mehr Rechte. Dazu gehörten Rechte zur Verwaltung einzelner Weichbilder, zur Steuererhebung und zur Zolleintreibung. 1412 erwarb Braunschweig das Recht, eigene Münzen zu prägen. Drei Jahre später erklärte der Kaiser, die Braunschweiger Bürger dürften in zivilen und Strafprozessen nur vor einem städtischen Gericht angeklagt werden. Damit war Braunschweig im Gerichtswesen praktisch autonom. 1436 erhielt die Stadt darüber hinaus das Recht, auf eigene Faust gegen Straßenräuber vorgehen und sie vor einem eigenen Gericht aburteilen zu dürfen. Damit waren alle Oberrechte der Herzöge praktisch beseitigt. Auch die geistliche Gerichtsbarkeit hatte Braunschweig den beiden zuständigen Bischöfen weitgehend abgenommen. (Die Stadt gehörte rechts der Oker zum Bistum Halberstadt, links zum Bistum Hildesheim.)

Die Bürgerschaft huldigte keinem Herzog, wenn er nicht zuvor in der Dornse des Altstadtrathauses in Gegenwart seiner Mannen und Knappen dem Gemeinen Rat geschworen hatte, alle Rechte und Privilegien der Stadt anzuerkennen. Wiederholt haben auch die Kaiser der Stadt alle Rechte bestätigt. Wenn es um Reichssteuern ging, wurde Braunschweig sowieso meistens wie eine Freie Reichsstadt behandelt. Die Bestätigung des Stadtwappens durch König Albrecht II. im Jahre 1438 markierte dann einen Höhepunkt städtischen Stolzes. Auf weißem Grund erhebt sich ein aufrechter roter Löwe mit erhobenem Schwanz, der sich über den Rücken des Löwen streckt – so hat Albrecht das Wappen beschrieben. Faktisch war die Stadt eine freie Reichsstadt. Rein rechtlich war sie es nicht.

Um sich gegen fürstliche Ansprüche wehren zu können, rüstete die Stadt. Braunschweig war in 14 sogenannte Bauerschaften eingeteilt. Alle Bürger in den Bauerschaften hatten sich bei Alarm sofort an bestimmten Treffpunkten zu versammeln und dann zu den Teilen der Stadtmauer zu eilen, für die die Bauerschaften jeweils zuständig waren. Jeder Bürger hatte seine Waffen im Hause, Hieb- und Stoßwaffen selbstverständlich, oft auch Harnische und Helme. Später schafften sich die Bürger auch Feuerwaffen an. Maximal 3000 Mann konnten zur Verteidigung der Mauern, Wälle, Tore und Türme aufgeboten werden, ungerechnet die Soldtruppen. Laufend wurde die Stadtbefestigung modernisiert. Im Abstand von einigen Kilometern zog sich die sogenannte Landwehr um Braunschweig herum, ein Erdwall, dicht bepflanzt mit Dornengestrüpp, mit Pfählen und Gräben verstärkt, zwar nicht geeignet, ein feindliches Heer auf die Dauer aufzuhalten, aber doch, die Stadt einigermaßen gegen Überraschungen zu schützen. Wo Straßen die Landwehr durchschnitten, wurden Türme errichtet. (Heute erinnern Lokale an diese Türme.) Außerhalb der Landwehr waren zahlreiche Burgen in braunschweigischem Besitz. Der Rat sparte nicht, wenn Befestigungsbauten errichtet werden sollten, er sorgte für einen großen Artilleriepark, und auch für Söldner wurde viel Geld ausgegeben.

Ebenso wichtig wie die eigene Kraft war der Schutz, den die Bündnispolitik der Stadt gewährte. Denn die Fürsten erstarkten im 15. Jahrhundert wieder. Dies war ein Prozeß, der in ganz Europa zu beobachten ist. Möglicherweise wurde er verursacht durch das nach der Pest allmählich wieder einsetzende Bevölkerungswachstum. In dem Maße, wie die Nahrungsmittel wieder knapper wurden, festigte sich die Stellung der Herren, die über das Land verfügten.

Herzog Heinrich der Ältere war der erste Stadtherr, der 1492 in einen kriegerischen Konflikt mit der Stadt geriet. Zunächst weigerte sich der Herzog, vor der Huldigung die Rechte der Stadt zu bestätigen. Dann forderte er die Rückgabe alter verpfändeter Herrschaftsrechte. Schließlich verbündete er sich mit dem König von Dänemark, mit den Kurfürsten von Sachsen und von Brandenburg, mit dem Landgrafen von Hessen und dem Erzbischof von Magdeburg, und mit dieser übermächtigen Koalition im Rücken begann er die Kriegshandlungen. Bald hatte er die Stadt locker eingeschlossen, konnte aber mit einer Beschießung vom Giersberg aus nicht allzuviel ausrichten. Die Braunschweiger besaßen in dieser ernsten Stunde nur die militärische Unterstützung der Stadt Hildesheim. Die Heere der beiden Städte vereinigten sich zwar bei Peine, um einen umfangreichen Transport von Lebensmitteln und Kriegsmaterial in die Stadt zu führen, der Herzog verlegte ihnen aber bei Bleckenstedt den Weg. Nachdem er mehrfach vergeblich versucht hatte, die Wagenburg des städtischen Aufgebots einzunehmen, ging dieses zum Gegenangriff über und eroberte die herzogliche Artilleriestellung. Damit war ein entscheidender Sieg erfochten, zumal sich noch die Einnahme des herzoglichen Hauptquartiers in Riddagshausen anschloß. Herzog Heinrich mußte die Belagerung abbrechen und verlor den Krieg.

Die Herzöge haben noch vier weitere Male die Stadt belagert, nämlich 1550, 1553, 1605/06 und 1671. Lange konnte die Stadt ihre Freiheit verteidigen, ehe sie bei der letzten Belagerung, fast zweihundert Jahre nach der ersten, dem Herzog anheimfiel. Das war schon im Zeitalter des Absolutismus, als die Stadt auch aus wirtschaftlichen Erwägungen kaum noch den Willen hatte, sich zu verteidigen. Rund 400 Jahre hindurch aber war Braunschweig praktisch eine freie Stadt. Stolz konnte der Rat noch 1599 erklären: „Obgleich Braunschweig, unser geliebtes Vaterlandt, keine Reichsstadt ist, so hat sie doch durch Gottes Gnade ebensoviel und mehr Privilegia alß die vornembsten Reichsstedte und wirdet sonderlich zwischen Hamburgh und Braunschweigk respectu der Regalien und Privilegien schwärlich ein Unterschiedt gefunden werden mögen."

Die geistige Welt
des Mittelalters

Die Geschichtswissenschaft hat gemeint, das Mittelalter habe eigentlich drei verschiedene Kulturen hervorgebracht: eine bäuerlich-adlige Kultur, eine geistliche und eine bürgerliche. Selbstverständlich gab es Berührungen und Überschneidungen, aber diese Unterscheidung verdeutlicht die tiefen Verschiedenheiten.

Die bäuerlich-adlige Kultur war die Kultur des Landes. Die Trennung zwischen Bauern und Adeligen war nicht übermäßig scharf. Ein Bauernsohn, der sich bei einem Fürsten verdingte, konnte in adelige Ränge aufsteigen, indem er etwa Verwalter einer Burg wurde. Solche Ämter wurden erblich, und die Inhaber waren praktisch von altadeligen Abkömmlingen bald nicht mehr zu unterscheiden. Wichtiger war noch, daß sich auch das Ethos zwischen Bauern und Rittern nicht grundlegend unterschied. Die Bauern sahen darauf, durch kluges Wirtschaften und geschickte Heiraten möglichst viel Reichtum zusammenzubringen. Der wurde dann großartig zur Schau gestellt, etwa an Feiertagen durch aufwendige Kleidung oder bei üppigen Festen. Hochzeiten konnten sich über Wochen hinziehen, und Einkünfte ganzer Jahre dabei verpraßt werden.

Das ritterliche Ethos forderte ein ähnliches Verhalten. Es komme darauf an, so hat es Walther von der Vogelweide formuliert, „êre und varnde guot" zu erringen. Er fügte allerdings auch hinzu, man müsse außerdem nach „gotes hulde" streben, und wie das miteinander zu vereinbaren sei, war ihm ein schweres Problem. Ehre und fahrendes Gut, also materielle Güter, waren jedenfalls die weltlichen Ziele. Ehre, das bedeutete Ruhm, Glanz, Prachtentfaltung. Man erwarb Ehre durch eine aufwendige Lebensführung, durch feine Kleidung, eine glänzende Umgebung, vornehmes Gefolge, prunkvolle Waffen, edle Pferde, eine reiche Küche. Auch Kleinodien und Kunstwerke gehörten dazu. Jede Erhöhung durch die Künste und durch die Literatur war willkommen. Ehre erwarb man auch durch Macht und kriegerische Taten. Kriegerische Leistungen galten in sich schon als ehrenvoll, sie waren aber vor allem auch die Voraussetzung, weitere Ehre zu erlangen. Wer

Ländereien eroberte, konnte einen prunkvollen Lebensstil entfalten, wer einen vornehmen Gefangenen einbrachte, konnte hohes Lösegeld erpressen.

Alle diese Momente sind geradezu handgreiflich bei Heinrich dem Löwen zu fassen. Nahezu ständig führte er Krieg, vergrößerte seinen Machtbereich, vermehrte seine Einkünfte. Auch in Friedenszeiten umgab er sich mit einem zahlreichen Gefolge, immer wieder betonte er stolz seine vornehme Abkunft und die seiner Gemahlin. Seine glanzvollen Bauten mehrten seinen Ruhm. Die Wallfahrt nach Jerusalem war weithin ein Wetteifern, möglichst viele Ehrbezeugungen zu empfangen und zu erteilen.

Von der weltlichen Pracht aus der Umgebung des großen Herzogs und seiner Nachfolger hat sich kaum etwas erhalten. Vor allem ist das Löwendenkmal zu nennen, das einst vergoldet gewesen ist. Die Kirche hat sorgfältiger das kulturelle Erbe bewahrt. Der Dom St. Blasii selbst, der Siebenarmige Leuchter, das Imervardkreuz, das Evangeliar, die Reliquien des Welfenschatzes sind Zeugen des ritterlich-höfischen Glanzes, mit dem sich Heinrich der Löwe umgeben hat.

Ganz anders geartet war die Welt der Kirche. Hier ging es darum, „Gottes Hulde" zu erwerben. Am leichtesten konnte man sie erwerben, darin war sich das Mittelalter einig, wenn man ein Leben in Askese und Entsagung führte. Der sicherste Weg ins Himmelreich führte durch ein Kloster. Seit der Christianisierung Sachsens waren hier Klöster entstanden. Im gemeinsamen Leben widmeten sich die Mönche dem Gebet und dem Lobe Gottes. Nicht nur ihre eigene Seligkeit erwarben sie damit, sondern sie dienten auch dem Seelenheil ihrer Familienangehörigen, die in der Welt geblieben waren, dem ihrer Stifter und Gönner, schließlich dem der ganzen Christenheit. Aus dieser Überzeugung heraus gründeten die Fürsten und Adligen häufig Klöster und statteten sie mit reichem Landbesitz aus. Das Kloster Gandersheim z. B., von den Liudolfingern gegründet, oder das brunonische Ägidienkloster in Braunschweig sollten dem Seelenheil der Gründerfamilien dienen. Auch einfache Menschen konnten ihren Besitz für ihr Seelenheil verwenden, indem sie ihn einem Kloster spendeten.

Die Klöster wurden dadurch reich. Sie schmückten ihre Kirchen, erleuchteten sie aufs festlichste, ließen wertvollstes Altargerät anfertigen. Dies alles diene zum Ruhme Gottes, und der Reichtum sei deswegen sinnvoll angelegt, so glaubten sie. Aber der Aufwand erregte auch Anstoß, hatte er doch mit Askese nicht mehr allzu viel zu tun, eher mit Eitelkeit. Im 12. Jahrhundert fand deshalb eine neue Richtung klösterlichen Lebens starken Zulauf, die Zisterzienser. Sie wollten den Gottesdienst und den Kirchenschmuck wieder auf ein vernünftiges Maß zurückführen und sich in demütiger Arbeit dem Landbau widmen. Sie gründeten deshalb ihre Klöster in der Wildnis, rodeten den Wald, legten Fischteiche an und trieben eine für die damalige Zeit moderne Landwirtschaft. Gerade im Braunschweigischen sind bedeutende Zisterzienserklöster entstanden, so die Klöster Walkenried südlich des Harzes, Mariental bei Helmstedt und Riddagshausen bei Braunschweig.

Das Kirchenvolk fühlte sich aber auf die Dauer vernachlässigt. Eine persönliche Seelsorge fand beinahe nicht statt. In der Kirche wurden fast nur Messen gelesen. Um die Bedürfnisse der Gläubigen zu befriedigen, entfalteten sich neue Orden: die Dominikaner, die sich vorwiegend der Lehre widmen wollten, und die Franziskaner, die bei eigener Armut die Gläubigen zu Gott führen wollten. Beide ließen sich deshalb mitten in den Städten nieder, so in Braunschweig die Franziskaner im Brüderkloster und die Dominikaner im Paulinerkloster (am Bohlweg auf dem Gelände der heutigen Nord/LB). Im Spätmittelalter wurde in allen Kirchen gepredigt, und zwar in der Volkssprache.

Das gezeichnete Bild ist weithin ein Ideal. In der Wirklichkeit gab es immer wieder Entartungen, immer auch Versuche der Reform. Um dem Volk den Inhalt des christlichen Glaubens nahezubringen, hat der Philosoph und Kirchenpolitiker Nikolaus von Cues z. B. bei seinem Besuch in Braunschweig im Jahre 1450 das Vater Unser, das Ave Maria, das Glaubensbekenntnis und die Zehn Gebote auf deutsch in den Kirchen anschlagen lassen. Ob oder in welchem Maße es der Kirche gelang, eine sittliche Wirkung auf das Kirchenvolk auszuüben, muß offen bleiben. Das Adelsideal, durch Kämpfe Ehre und Reichtum zu erwerben, wurde z. B. durch die Kirche kaum berührt, wenngleich sie wenigstens theoretisch dem Rittertum klarmachen konnte, daß die Kämpfe zugunsten von Hilfsbedürftigen geführt werden sollten. Deshalb zogen Ritter besonders gern in den Kampf, wenn kirchliches Gebot und die Aussicht auf materiellen Gewinn zusammenfielen, wie z. B.

bei den Kreuzzügen. Ritter waren auch gerne bereit, das Schwert zu ziehen, wenn eine schutzlose, aber reiche Erbin Hilfe brauchte.

Schließlich gab es die bürgerliche Sphäre. Der bürgerliche Geist war nicht wie der kirchliche prinzipiell weltabgewandt, er war auch nicht wie der adelige darauf bedacht, Reichtum ruhmbringend zu verschleudern. Der bürgerliche Geist war nüchtern, dachte in Kategorien der Zweckmäßigkeit, war „rechenhaft". Ein Kaufmann konnte nicht erfolgreich sein, wenn er sich verkalkulierte. Es war sinnvoller für ihn, den Gewinn wieder zu investieren oder ihn in sicherem Grundbesitz anzulegen, als ihn mit großem Aufwand zu vergeuden.

Dieser bürgerliche Geist manifestierte sich im Deutschland des Mittelalters weniger ausgeprägt als etwa in dem städtereichen Italien, aber vorhanden war er auch. An der Schwelle zur Neuzeit hat Braunschweig mit dem Stadtschreiber Hermann Bote einen prominenten Vertreter bürgerlicher Literatur hervorgebracht. Nicht die märchenhaften Helden- und Liebesgeschichten, die das Ritterepos charakterisieren, nicht die Heiligenlegenden der kirchlichen Erbauungsliteratur, sondern unterhaltsam-belehrende Schwänke und lehrhafte, fast „politologische" historische Literatur kennzeichnen Botes Werk. Von ihm stammen das Eulenspiegelbuch und ein für Deutschland ganz einzigartiges Geschichtswerk, nämlich das „Schichtbuch", eine Beschreibung der Unruhen und Aufstände in Braunschweig, beginnend mit der „Schicht der Gildemeister" 1292–94 und endend mit dem „Aufruhr der Armut" 1513. Scharf beobachtend und konservativ kommt Bote zu dem Ergebnis, daß nur die Einigkeit in der Stadt Sicherheit vor dem äußeren Feind garantiert.

Die Frühe Neuzeit

Das Zeitalter der Reformation

Am Ende des Mittelalters waren die christlichen Lehren vielfach von Formen der Volksfrömmigkeit überlagert, die den Aberglauben streiften. Zum Beispiel war es üblich, am Fest Mariä Himmelfahrt Kräuterbündel in der Kirche weihen zu lassen. Zu Hause sollten sie dann vor Feuer und Blitzschlag schützen. Von geweihten Kerzen glaubte man, sie schützten vor Geistern. In der Osternacht entzündetes Feuer, das ursprünglich nur das Licht symbolisieren sollte, welches mit der Auferstehung Christi in die Welt gekommen war, wurde ebenfalls geweiht. Von der Asche des Osterfeuers glaubte man, es verhüte Hagelschlag und vertreibe Ungeziefer, wenn man es auf die Felder streue. Die Menschen strömten zu den Orten, an denen sich Wunder ereignet haben sollten, im Braunschweigischen z. B. nach Königslutter und Melverode. Wer konnte, erwarb eine Reliquie. Unzählige Menschen verwendeten einen Teil ihres Vermögens dazu, für sich und ihre Familie regelmäßig Messen lesen zu lassen, um mit einem solchen gottgefälligen Werk der himmlischen Gnade teilhaftig zu werden.

Den mittelalterlichen Überzeugungen entsprach die Vorstellung, daß der Mensch, der seine Sünden bereue, zum Zeichen seiner Reue eine Buße auf sich nehmen könne und solle. Daß eine solche Buße auch in der Spende eines Geldbetrags für einen guten Zweck bestehen könne, war nicht strittig, solange die Spende von einem echten Gefühl der Reue begleitet war. Aber die Renaissancepäpste „sammelten" Geld z. B. für den Bau der Peterskirche in einer Weise ein, daß der Eindruck entstand, sie verkauften den Ablaß von Sündenstrafen. Da an diesem „Verkauf" auch Zwischenhändler verdienten, wurde er von nachdrücklicher Werbung begleitet. „Wenn das Geld im Kasten klingt, die Seele in den Himmel springt", soll Gutgläubigen und Skeptischen verkündet worden sein. Deshalb wurde der Ablaßhandel gegen Ende des 15. Jahrhunderts allmählich als anstößig empfunden.

Voll Schadenfreude erzählte man sich im Braunschweigischen, der Dominikanermönch Tetzel habe 1517 am Elm Ablaßpredigten gehalten und sei hier von einem Ritter überfallen worden. Der habe Pferde vor den Geldkasten gespannt und die Truhe im Galopp weggeschafft. Hundert Jahre später fand sie sich im Besitz einer adeligen Familie wieder, die die Domäne Süpplingenburg-Schickelsheim bewirtschaftete, und heute ist sie im Städtischen Museum in Braunschweig zu sehen.

Die Menschen sorgten sich an der Schwelle zwischen Mittelalter und Neuzeit sehr um ihr Seelenheil. Über 60 Kirchen und Kapellen gab es allein in der Stadt Braunschweig. Darunter waren 24 öffentliche und mindestens 13 Privatkapellen, die Kapellen von sieben Hospitälern und 13 Beginenhäusern, in denen Frauen in klosterähnlicher Gemeinschaft zusammenlebten, ohne ein Gelübde abzulegen. Es hat über 200 Altäre gegeben. Die Zahl der Geistlichen (Stiftsherren, Mönche und Priester, die wenigsten die niederen Weihen empfangen hatten) wird auf nahezu 500 geschätzt. Das wären, bei 16 000 Einwohnern, etwa 12 % der erwachsenen männlichen Bevölkerung, im Vergleich zu anderen deutschen Städten der damaligen Zeit noch nicht einmal sonderlich viel.

Die meisten dieser geistlichen Würdenträger waren materiell schlecht gestellt. Nur relativ wenige Geistliche sammelten die einträglichen Stellen ein, oft viele Pfründen gleichzeitig, und ihre Pflichten ließen die Stelleninhaber schlecht und recht von gering entlohnten Kaplänen, Altaristen und Prädikanten ausüben, oftmals, ohne sich selbst am Ort aufzuhalten. So gab es denn einen gewaltigen kirchlichen Apparat, und trotzdem fühlte sich das Kirchenvolk in hohem Maße vernachlässigt. Die Klagen über die zu geringe Seelsorge rissen ebenso wenig ab wie die über den unmoralischen Lebenswandel vieler Geistlicher. Besonders die Bettelorden (die Dominikaner und Franziskaner) waren verrufen.

Der erste, der in Braunschweig im Sinne Luthers gepredigt hat, war Gottschalk Kruse, ein ehemaliger Benediktinermönch aus dem Ägidienkloster, der kurze Zeit in Wittenberg studiert hatte und dabei gewesen sein könnte, als Luther die Bannbulle verbrannt hat. Er mußte jedoch bald die Stadt und das Herzogtum verlassen. Vertreibungen nützten jedoch wenig. Die Vorstellung war faszinierend, in der Predigt nicht nur irgendwelche Legenden und alten Heiligengeschichten erzählt zu bekommen, sondern eine Auslegung der Heiligen Schrift direkt. Wer wollte, konnte in den von Luther übersetzten Evangelien die erklärten Stellen selbst nachlesen und sich selbst seine Gedanken machen. Die öffentliche Meinung wendete sich mehr und mehr gegen die alte Kirche. Die Straßenjungen liefen den Geistlichen nach und riefen: „Monick, her Monick, hick, hick" (Mönch, Herr Mönch, hick, hick). Predigten der alten Geistlichkeit wurden durch Absingen lutherischer Kirchenlieder gestört. In der Umgebung der Stadt und außerhalb des Herzogtums, z. B. in Volkmarode und in Adenbüttel, feierten vertriebene Priester das Abendmahl in beiderlei Gestalt, also mit Austeilung von Brot und Wein. Der Rat verbot die Teilnahme an diesen Abendmahlsfeiern, aber das war wenig wirksam. Deshalb suchte er nach Predigern, die den alten Glauben in der Stadt festigen und wahren könnten, aber er fand keine, die überzeugen konnten.

Der Widerstand des Rates gegen den neuen Glauben entstand aus der Furcht, die Unterschichten könnten aus dem Evangelium die Berechtigung herauslesen, die alte Ordnung zu zerbrechen. Als 1525 die Bauern in Süd- und Mitteldeutschland rebellierten, war das für alle Herrschenden ein schreckliches Menetekel, und Schwärmereien, Bilderzerstörungen, Überfälle auf Klöster, Verweigerung von Steuern und Abgaben, die in vielen Gegenden Deutschlands auftraten, schienen alle bösen Vorahnungen zu bestätigen. Aber die alten Formen der Frömmigkeit genügten immer weniger den Gläubigen, die durch Bibelauslegung und -lektüre wach geworden waren.

1528 ging deshalb der Rat zum neuen Glauben über. Er bestellte Johannes Bugenhagen, einen engen Vertrauten Luthers, in die Stadt. Bugenhagen ist dann der Reformator Braunschweigs geworden, vor allem dadurch, daß er eine Kirchenordnung aufstellte. Die Geistlichkeit, die in der alten Kirche mit der Meßfeier beschäftigt war, wurde abgeschafft. Die Verkündigung des Wortes stand fortan im Mittelpunkt. Großen Wert legte Bugenhagen auf das Schulwesen, schon um die Ausbildung der Geistlichen zu sichern. Außerdem mußte das Finanzwesen auf eine neue Grundlage gestellt werden.

Dies alles mißfiel dem regierenden Herzog Heinrich dem Jüngeren aufs entschiedenste. Er war eine Art von Renaissancefürst, grimmig entschlossen, seine Interessen durchzusetzen. Er wollte z. B., daß das Land künftig nicht mehr geteilt würde. Deshalb erließ er eine Primogeniturordnung, zu der aber eine Einverständniserklärung seines jüngeren Bruders nötig war. Dieser wollte jedoch nicht für sich und seine Nachkommen auf seine Rechte verzichten. Heinrich ließ ihn deshalb einsperren und hätte ihn sicherlich im Kerker umkommen lassen, wenn dieser nicht schließlich doch nach zwölfjähriger Haft auf seine Ansprüche verzichtet hätte.

In der Hildesheimer Stiftsfehde (1519 bis 1523) hatte Heinrich den größten Teil des Hildesheimer Stifts an sich gebracht. Seine Gegner hatten teilweise auf die Unterstützung durch den französischen König gesetzt, um so entschiedener nahm Heinrich die Partei des Habsburgers. Der französisch-habsburgische Gegensatz spielte bis in diesen Teil Deutschlands hinüber. Als der habsburgische Kaiser Karl V. auf dem Reichstag zu Worms die Acht über Luther aussprach, war Heinrich d. J. eifrig bereit, die Acht auch zu vollstrecken, offenbar vor allem aus der außenpolitischen Erwägung heraus, den Zusammenhalt mit dem Kaiser nicht zu gefährden. Jedenfalls unterstützte er nachdrücklich alle Versuche, das Luthertum einzudämmen und zu beseitigen.

Hinzu kam ein weiterer Konflikt. Der Herzog war eifrig bemüht, seine Macht im Lande zu festigen und auszubreiten. Dabei stieß er auf die Gegnerschaft des heimischen Adels, der weder von seinen Besitztümern noch von seinen Vorrechten das geringste aufgeben wollte. Heinrich zögerte nicht, adlige Güter zu besetzen und seine Widersacher zu verhaften. Daß das heftige Opposition im Lande hervorrufen mußte, liegt auf der Hand. Diese Opposition war zu einem guten Teil evangelisch, und das war ein Grund mehr für Heinrich, um so fester am alten Glauben festzuhalten.

Dabei waren ihm die eigentlichen Glaubensfragen denkbar gleichgültig. Auch setzte er sich ohne weiteres über das alte Kirchenrecht hinweg. Zum Beispiel besteuerte er das Kirchengut, riß die geistliche Gerichtsbarkeit an sich und ließ das Kirchengut inventarisieren, was gewöhnlich der erste Schritt vor einer Beschlagnahme war. Als die Stadt Braunschweig zum protestantischen Glauben übertrat und die Pfarrstellen mit lutherischen Predigern besetzte, ohne die Mitspracherechte des Herzogs zu beachten, sah er darin verständlicherweise neue Beweise für den aufrührerischen Geist der reformatorischen Bewegung.

Mit allen Mitteln versuchte er, Braunschweig unter Druck zu setzen. Deshalb trat die Stadt 1531 dem Schmalkaldischen Bund bei, einem Bündnis evangelischer Fürsten und Städte, der zur Verteidigung des neuen Glaubens abgeschlossen war. Als Heinrich d. J. auch Goslar bedrohte, gingen die Schmalkaldener zum Angriff auf ihn über. Der Herzog wurde vertrieben, und vom Turm des Wolfenbütteler Schlosses wehte eine kostbare Fahne, in der alle die Wappen der protestantischen deutschen Städte und Fürsten eingestickt waren.

Die Protestanten nahmen das Land in Besitz. Sie versuchten sogleich, die Reformation einzuführen, die Heinrich so lange mit eiserner Hand unterbunden hatte, aber mit einem Handstreich war der neue Glaube nicht zu etablieren, zumal die neuen Herren sich nur allzu sehr als triumphierende Besatzungsmacht aufführten. Fünf Jahre später war Heinrich auch wieder im Lande, was letztlich bewirkt wurde durch die Schlacht bei Mühlberg 1547, in der die Truppen Karls V. den Schmalkaldischen Verbündeten die entscheidende Niederlage zufügten. Daß er alle protestantischen Ansätze rückgängig machte, war selbstverständlich. Auch mit seinen Gegnern im Lande rechnete er gründlich ab. Er versuchte es auch mit der Stadt Braunschweig und belagerte sie zweimal (1550 und 1553), scheiterte jedoch. Goslar nahm er im Riechenberger Vertrag von 1552 die Erzgruben des Rammelsbergs ab, so daß diese Reichsstadt in der Folge verarmte.

Heinrichs adlige Widersacher, die z. T. emigriert waren, und zahlreiche Ritter aus anderen Territorien verbanden sich mit dem abenteuernden Markgrafen Albrecht Alcibiades von Brandenburg-Kulmbach. In der erbitterten Schlacht bei Sievershausen in der Nähe von Peine, der blutigsten des ganzen Zeitalters, wurde die Adelsfronde geschlagen. Auch die beiden älteren Söhne des Herzogs sind in dieser Schlacht gefallen.

Heinrich mußte seinen jüngsten Sohn Julius als Nachfolger akzeptieren, obwohl er ihn haßte, weil der dem protestantischen Glauben anhing. 1568, als Julius an die Regierung kam, hat er denn auch im ganzen Land die neue Lehre eingeführt. Dies war ein relativ später Zeitpunkt, verglichen mit den anderen norddeutschen Ländern. Die erste Begeisterung, mit der die Reformation aufgenommen worden war, hatte sich zu dieser Zeit schon abgekühlt. Die Einführung der neuen Lehre war deshalb jetzt mehr ein Verwaltungsakt als aus innerer Überzeugung geboren. Vielleicht ist dies der Grund, daß das religiöse Leben in Braunschweig in den folgenden Jahrhunderten immer ein wenig nüchterner und moderierter war als in anderen Teilen Deutschlands, obgleich sich der Herzog in echt lutherischer Weise viel Mühe gab, das Bildungswesen des Herzogtums zu verbessern. Die Gründung der Universität Helmstedt 1576 war ein Ausdruck dieses Bestrebens.

So gut sich Herzog Julius auf religiösem Gebiet mit der Stadt Braunschweig verstand, so schwierig gestalteten sich die wirtschaftlichen Verhältnisse. Nachdrücklich versuchte Julius, die Verarbeitung der Erze und den Metallhandel an sich zu ziehen und so alle Möglichkeiten des Riechenberger Vertrages auszuschöpfen. Durch Zölle und durch das (im ganzen gescheiterte) Vorhaben, Wolfenbüttel zu einer Handelsstadt auszubauen, wollte der Herzog die merkantilen Möglichkeiten des Landes für sich nutzen und sie nicht dem weitgehend unabhängigen Braunschweig überlassen.

Im übrigen war Julius skrupellos genug, seinen Sohn Heinrich Julius mit allem Gepränge eines katholischen Kirchenfürsten auf den Bischofsstuhl von Halberstadt zu bringen, nur, damit dieser dann Halberstadt dem protestantischen Glauben zuführte und es als weltlichen Besitz mit dem Herzogtum Wolfenbüttel vereinigte.

Dieser Heinrich Julius hat nach seinem Regierungsantritt im Jahre 1589 nicht nur Halberstadt mit dem Herzogtum verbunden, sondern sein Vater und er erbten auch andere Teile des braunschweig-lüneburgischen Gesamthauses, so daß das von Wolfenbüttel aus regierte Gebiet 1596 seine größte Ausdehnung erfuhr. Halberstadt und Göttingen, Hannover und Hoya gehörten dazu.

Es lag auf der Hand, daß der Herzog auch das praktisch immer noch unabhängige Braunschweig unterwerfen wollte. Er versuchte es 1605 mit einer List. Zwei Kutschen und zwölf Frachtwagen, alle mit Bewaffneten gefüllt, ließ er in das Ägidientor einfahren. Seine Soldaten bemächtigten sich schlagartig des äußeren Tors und der Wälle, konnten aber nicht weiter vordringen. Es dauerte einen ganzen Tag, bis sich die Braunschweiger zu energischer Gegenwehr aufrafften und die Eingedrungenen vertrieben, aber anschließend mußten sie noch eine regelrechte Belagerung durchstehen. Auch Heinrich Julius' Nachfolger Friedrich Ulrich versuchte, Braunschweig einzunehmen. Seine Belagerung der Stadt im Jahre 1615 war die härteste in der Geschichte der Stadt. Die Schanzen und Laufgräben der Angreifer näherten sich immer mehr den Verteidigungsanlagen. Angriffe und Ausfälle wechselten einander ab. Das Artilleriefeuer wurde von beiden Seiten fortdauernd unterhalten. Wie auch schon 1605 rettete ein hansisches Entsatzheer, jetzt maßgeblich durch niederländische Truppen verstärkt, die Stadtfreiheit. Der Herzog mußte die Belagerung abbrechen und sich in allen wesentlichen Punkten dem städtischen Willen unterwerfen.

Der Dreißigjährige Krieg

Der große Krieg, der Deutschland dreißig Jahre hindurch verheerte, wurde bekanntlich dadurch ausgelöst, daß kaiserliche Gesandte aus einem Fenster der Prager Burg geworfen wurden. Das hatte viel mit den Selbständigkeitsbestrebungen des hohen böhmischen Adels gegenüber dem Kaiser zu tun, viel auch mit der Sorge der böhmischen Protestanten um die Freiheit des Glaubens, wenig mit national-tschechischen Ambitionen gegenüber dem deutschsprachigen Österreich. Diese Bestrebungen insgesamt führten jedenfalls zur Wahl eines eigenen Königs, des sogenannten Winterkönigs, der alsbald von einem kaiserlichen Heer geschlagen und vertrieben wurde.

Dies alles brauchte für das übrige Deutschland noch keine Auswirkungen zu haben. Leider verhallten die Hilferufe des Vertriebenen nicht gänzlich ungehört. Einer, der sie aufnahm, befangen in einer romantischen Liebe zur Gemahlin des Winterkönigs, war Christian von Braunschweig. Er war der Bruder des regierenden Herzogs, eingesetzt zur Verwaltung des Bistums Halberstadt. Nach dem Sieg über die unbotmäßigen Böhmen war der Kaiser nahezu gezwungen, den rüstenden Halberstädter zu unterwerfen, zumal sich damit die Aussicht eröffnete, das Bistum dem Katholizismus zurückzugewinnen. Damit aber zog sich der Krieg nach Norddeutschland.

Es ist bezeichnend, daß der regierende Herzog Friedrich Ulrich seinen Bruder mit aller Kraft zu überreden versuchte, doch in die Niederlande abzuziehen, um so den Krieg vom eigenen Land fernzuhalten. Einen festen Befehl konnte der Herzog nicht erteilen, teils aus persönlicher Schwäche, denn Friedrich Ulrich war einer der unfähigsten Welfen, die einen Thron eingenommen haben, teils aber auch, weil die Kriegsherren des 30jährigen Krieges durchaus mächtiger waren als die Fürsten eines kleineren oder mittleren Landes.

Christian von Braunschweig wurde bei Stadtlohn von dem kaiserlichen Feldherrn Tilly vernichtend geschlagen. Nun aber kam Christiae, in den Krieg eintreten zu sollen. Der unentschlossene Friedrich Ulrich wurde veranlaßt, auf seine Seite zu treten. Wolfenbüttel, das zu einer starken Festung ausgebaut war, wurde

von den Dänen besetzt. Sie erlitten jedoch bei Lutter am Baren-
berge eine vernichtende Niederlage. Flugs gingen der Herzog und
die Stadt Braunschweig ins kaiserliche Lager über. Die Dänen
sahen darin jedoch keinen Anlaß, die Festung Wolfenbüttel zu
räumen, sondern verteidigten sich dort zäh über ein Jahr lang. Der
Herzog suchte währenddessen in Braunschweig Zuflucht, in jener
Stadt, die er zwei Jahrzehnte früher so erbittert belagert hatte.

Während dieser Zeit kaiserlicher Vorherrschaft verteidigte die
Stadt Braunschweig eine gewisse Selbständigkeit, indem sie es
ablehnte, kaiserliche Truppen in ihren Mauern aufzunehmen.
Entsprechend hatte sie es auch während der dänischen Dominanz
gehalten. Sie kam aber nicht darum herum, zuerst eine Kontributi-
on von 30 000 Talern, dann eine zweite von 28 000 Talern in Tillys
Kriegskasse zu zahlen. Die Stadt mußte zwar befürchten, das
Ägidienkloster wiederherstellen zu müssen, und, was ihr besonders schlimm erschien, eventuell wieder Katholiken in ihren
Mauern dulden zu müssen, andererseits machte ihr der Kaiser
Aussichten, Freie Reichsstadt zu werden, so daß Braunschweig im
ganzen doch mit der kaiserlichen Seite sympathisierte und von
dieser auch als eine relativ verläßliche verbündete Macht angese-
hen wurde.

Das traf nicht für die hansische Schwesterstadt Magdeburg zu, die
fest auf protestantischer Seite beharrte, keinerlei Zugeständnisse
machte und deshalb von Tilly im Frühjahr 1631 belagert wurde.
Magdeburg fiel trotz entschlossener Gegenwehr schnell, wurde
geplündert und niedergebrannt. Nur relativ wenige Menschen
konnten das nackte Leben retten.

Wenige Monate später wurde Gustav Adolf von Schweden durch
seinen Sieg bei Breitenfeld Herr in Norddeutschland, ja in fast
ganz Deutschland. Wieder wechselten Herzogtum und Stadt
Braunschweig die Seiten. Jetzt hatten sich die Kaiserlichen in
Wolfenbüttel verschanzt und wurden von den Schweden belagert.
Wieder mußte sich die Stadt Braunschweig mit hohen Kontributionen von einer direkten Besetzung loskaufen. Wieder hatte sich
der Herzog nach Braunschweig gerettet, um bessere Zeiten
abzuwarten. Die Belagerung Wolfenbüttels mißlang, und die
folgenden 16 Jahre behaupteten sich die Kaiserlichen in der
Festung. Manchmal dominierten sie im ganzen Land, manchmal
waren die Schweden überlegen, und die Wolfenbütteler Besat-

zung begnügte sich mit wütenden Ausfällen und Plünderungszügen, manchmal wurde Wolfenbüttel auch wieder regelrecht belagert, ohne eingenommen zu werden.

Das Land litt unter dem Krieg. Das konnte bei der damaligen militärischen Organisation nicht anders sein. Kriegsherren, man möchte eher von Kriegsunternehmern sprechen, warben auf eigene Kosten ein Heer an und stellten es einem Herrscher zur Verfügung. Diese Werbung sollte sich rentieren. Die Soldaten durften nichts kosten, sondern mußten sich selbst versorgen. Natürlich preßten sie soviel aus der Bevölkerung heraus, wie sie konnten. Alle Ränge verhielten sich so bis hinauf zum obersten Befehlshaber, der die Kosten für das Heer hereinbekommen mußte und Gewinn machen wollte.

Man vermied nach Möglichkeit Schlachten, um die teuren Soldaten nicht zu verlieren. Die „Kriegskunst" bestand darin, durch Plünderungszüge die Ernährungsbasis des Gegners zu verwüsten und ihn dadurch zum Rückzug zu nötigen. Da beide Seiten dieses Verfahren anwandten, waren die Verwüstungen so schrecklich. Nur wenige kamen in direktem Kampf ums Leben, viel mehr Menschen wurden ermordet, noch viel mehr verhungerten, die meisten kamen durch die Seuchen ums Leben, die unter der geschwächten, hilflosen, oft auch flüchtenden Bevölkerung wüteten.

Um Beispiele zu nennen: in den Gemeinden Büddenstedt, Offleben, Hohnsleben und Reinsdorf (alle südlich von Helmstedt gelegen) starben 1625/26 ein Viertel bis ein Drittel der Einwohner an der Pest. Vor der Soldateska flüchtete die Bevölkerung dieser Dörfer häufig in die nahegelegene Stadt Schöningen und nahm dabei ihr Vieh mit. Die Verluste an Vieh waren deshalb auch im ganzen gering. Nur die Schafhaltung verringerte sich in den Kriegsjahren auf etwa 50 %. Auch die Verluste an Pferden waren erheblich. Weil die Dörfer weitgehend leer standen, wenn eine besonders wilde Soldatenschar durchzog, wurden die Häuser um so mehr in Mitleidenschaft gezogen. Viele wurden niedergebrannt und andere wurden gründlich zerstört, wobei nicht einmal Dachziegel und Dielenbretter unversehrt gelassen wurden. Am meisten litt die Feldbestellung. Viele Menschen waren gestorben, die anderen flüchtig, oft fehlten Pferde, manchmal fehlte auch das Saatgut. Häufig sind auch die abseits gelegenen Äcker aus Furcht vor Überfällen nicht bestellt worden. 1628/29, als in dieser Gegend besonders schlimm gehaust wurde, ist südlich des Elm anscheinend kaum mehr als 10 % der Felder bestellt worden. Diese Vernachlässigung des Ackerbaus, die der Krieg bewirkte, hat vor allem die Hungersnöte hervorgerufen. Im ganzen hat dieses Gebiet jedoch noch relativ ungeschoren den Krieg überstanden.

Noch weniger litt die Stadt Schöningen mit ihren 1500 Einwohnern, die sich durch Kontributionszahlungen von Plünderungen freikaufen konnte. Dasselbe gilt für die Stadt Braunschweig. Die Wehrhaftigkeit der Stadt, ihre flexible Schaukelpolitik sowie die wirtschaftliche Leistungsfähigkeit, mit der sie die Kontributionen aufbrachte, bewirkten, daß keine Partei einen Versuch unternahm, die Stadt zu unterwerfen.

Als die Belagerungen Wolfenbüttels immer wieder gescheitert waren, entschied sich der Herzog, einen Separatfrieden mit dem Kaiser abzuschließen. Er kam im Jahre 1642 zustande, aber auch danach wurde das Herzogtum immer noch von durchziehenden Truppen geplündert.

Weil Friedrich Ulrich kinderlos starb, wurde das Land wieder sorgfältig geteilt. Im Westfälischen Frieden verlor Braunschweig die Verwaltung Halberstadts (das an Brandenburg fiel). Im wesentlichen wurde damit die Grundlage für die Kleinheit und Zerrissenheit des späteren Herzogtums Braunschweig gelegt.

Die welfischen Barockfürsten

Zweier Fürsten muß gedacht werden, wenn vom Herzogtum Braunschweig im Zeitalter des Barock die Rede ist. Das eine ist Herzog August, das andere sein Sohn Anton Ulrich.

Herzog August kam 1635 an die Regierung, also mitten im dreißigjährigen Krieg. Er stammte aus einer Nebenlinie, denn sein Vorgänger war kinderlos gestorben, was – wie erwähnt – einmal wieder eine Aufteilung des Landes nach sich gezogen hatte. Weil in Wolfenbüttel noch die Schweden saßen, mußte er zunächst in Braunschweig residieren. Die Frage der Huldigung durch die Stadt blieb dabei offen. Der Herzog war nicht bereit, die städtischen Freiheiten anzuerkennen, die sie praktisch unabhängig machten, und die Stadt war, trotz der theoretisch anerkannten Oberhoheit des Herzogs, nicht bereit, ihm ohne Sicherheit zu huldigen.

Der friedliche Sinn des Herzogs hat dabei mitgewirkt, daß 1642 der Separatfriede zwischen Herzogtum und Kaiser abgeschlossen ist, auch dies ist erwähnt worden. Es hat bis 1644 gedauert, ehe der Herzog in das völlig demolierte Wolfenbütteler Residenzschloß einziehen konnte. Fortan hat er dafür gesorgt, daß sich das Land erholen konnte.

Dies wäre noch nicht bemerkenswert, denn die kleinen Staaten waren zu erschöpft und zu schwach, als daß sie eine andere als friedliche Politik hätten betreiben können. Was Herzog August auszeichnete und ihn von anderen Fürsten unterschied, war sein wissenschaftliches Interesse und seine Gelehrsamkeit.

Es gibt zahllose Bilder des Herzogs, aber keines gibt sein Wesen offenbar treffender wieder als eines, das ihn als Gelehrten zeigt und sich heute in der Herzog-August-Bibliothek in Wolfenbüttel befindet. Der Herzog, damals schon ein Mann von 80 Jahren, in einen Pelzrock gehüllt, aber noch aufrecht und wach, schaut den Betrachter an, als sei er in seiner Arbeit gerade durch eine Frage gestört worden. Der Fürst sitzt an einem Tisch. Dieser ist bedeckt mit Gegenständen, die seine Gedanken und Aufgaben verdeutlichen: vor allem ein Kruzifix, dann ein großes Buch, wahrscheinlich eine Bibel, außerdem Stundenglas und Totenkopf, Lot, Winkeldreieck und Fernrohr, Geld und anderes. In der rechten Hand hält der Fürst ein Lineal, in der linken ein Blatt, auf dem man lesen kann: Nostrum Scire/Nihil Scire/Christum Scire/Omnia Scire (frei: wer das Unsere kennt, weiß nichts; wer Christus kennt, weiß alles). Hinter dem Fürsten hängt an der Wand eine Borte mit Büchern und Glaskolben, eine Menge Musikinstrumente stehen und liegen im Raum, auch zwei Globen. Aus der Tür sehen wir auf eine Wendeltreppe, sie scheint der einzige Zugang zu diesem Raum zu sein. Der Herzog, ein älterer Herr, nicht gewohnt, viel an frischer Luft zu sein, hat sich in seine Klause zurückgezogen und ist umgeben von seinen Büchern. Deutlich kommt zum Ausdruck, daß in dieser Zeit die Theologie immer noch als die höchste der Wissenschaften gilt.

Die irenische Natur des Herzogs hat es nicht zu einem Krieg mit der Stadt Braunschweig kommen lassen, obwohl sich die Reibungen mit der stolzen Stadt vermehrten. Aber der Sohn des Herzogs, Rudolf August, dessen Taufpate die Stadt übrigens war, wollte nicht länger ein unabhängiges Gemeinwesen dulden. Von den Hansestädten konnte Braunschweig keine Unterstützung mehr erwarten. An dem letzten Hansetag, den die Stadt 1669 in Lübeck besuchte, nahmen nur noch neun Schwesterstädte teil, alle selbst mit Sorgen um ihre Unabhängigkeit belastet. Rudolf August rückte im Frühsommer 1671 mit 20 000 Mann vor die Stadt, nachdem er sich mit den anderen Welfenherzögen verständigt hatte, und begann eine regelrechte Belagerung. Anders als in der Vergangenheit gab es in der Stadt keinen rechten Willen zur Verteidigung mehr. Die Verteidigungsanlagen waren vernachlässigt, zusätzliche Soldaten nicht angeworben, diplomatisch war die Stadt isoliert, und, vor allem, der Rat war verhaßt. Die Einwohner mochten die Lasten, die ein selbständiges Stadtregiment von ihnen forderte, nicht länger tragen.

So kam es denn nach nur einwöchiger Beschießung zu Verhandlungen. Die Stadt kapitulierte. Sie verlor (nahezu) alle ihre städtischen Vorrechte. Sie verlor z. B. ihr Vermögen, ohne daß geklärt wurde, wer für die städtischen Schulden aufkommen sollte. Die Bürger wurden der herzoglichen Besteuerung unterworfen, und statt des Rates wurden herzogliche Beamte eingesetzt. Eine Garnison sorgte dafür, daß Selbständigkeitsgelüste künftig nicht mehr aufkommen konnten. Die welfischen Mitherzöge wurden durch Überlassung des Welfenschatzes und von Gebieten an der Elbe für den endgültigen Verzicht auf Braunschweig entschädigt.

Der Eroberer Braunschweigs, Rudolf August, war wenig interessiert, die Herrschaft auszuüben. Er widmete sich lieber der Jagd. So hatte denn sein ehrgeiziger jüngerer Bruder Anton Ulrich die Möglichkeit, sich zum Mitregenten zu machen, und nach Rudolf Augusts Tod wurde Anton Ulrich sogar Alleinherrscher, weil der Ältere keine legitimen Nachkommen hinterließ.

Anton Ulrich hatte von seinem Vater August die hohe Begabung geerbt, weniger allerdings für die Wissenschaft, mehr für die Künste. Anders als August fehlte es ihm aber völlig an Maß. Alles, was er anpackte, ging ins schier Unermeßliche. Hatte sein Vater zwei überschaubare Abhandlungen über das Schachspiel und über Geheimschriften verfaßt, so schrieb sein Sohn zwei Romane, die „Aramena" und die „Octavia", der erste knapp 4 000 und der andere nicht weniger als 6 000 Seiten umfassend. Beide waren ungeheuer kompliziert, enthielten Hunderte von Personen, und die Verwirrung wurde noch dadurch gesteigert, daß manche Personen dieselben Namen trugen, andere vertauscht wurden, einige unter falschem Namen lebten u.ä.m. Trotz ihres großen Umfangs waren die Romane nach einem geordnetem Plan angelegt.

In noch größere Dimensionen ging womöglich seine Bauleidenschaft, nur ließ sie sich ohne Geld nicht verwirklichen. Anton Ulrich tat sein Möglichstes, indem er einen herrlichen Palast baute, jedoch aus Holz. In Salzdahlum, auf relativ feuchtem Boden, ließ er von Zimmerleuten und Tischlern ohne steinernes Fundament ein Schloß errichten, das wenigstens in Norddeutschland nicht seinesgleichen hatte. Die Zeitgenossen waren sich einig, daß z. B. die preußischen Bauten weit übertroffen wurden. Auch die Prachtentfaltung war eindrucksvoll. Ein pomphaftes Zeremoniell, eine kostbare Einrichtung erhöhten den Glanz dieses Fürstensitzes. Die kostbare Bildersammlung des heutigen Herzog-Anton-Ulrich-Museums in Braunschweig geht auf seine Erwerbungen zurück. Daß der Holzbau nicht hielt, daß er schon zur Zeit des Erbauers zu modern begann, ließ sich nicht vermeiden.

In gewissem Maße konnte man mit Prunk Politik machen. Die Aufgabe des Adels war, Reichtum und Macht zu demonstrieren, Glanz zu verbreiten und seinen Ruhm zu pflegen – das galt schon zur Zeit Heinrichs des Löwen, und das galt noch bis ins 18. Jahrhundert. Deshalb erwuchs aus dieser Prachtentfaltung ein gewisser politischer Einfluß, den der Herzog umsichtig pflegte. Aber die Machtmittel des kleinen Landes waren zu gering, um tatsächlich etwas zu bewirken. Trotz aller Bemühungen konnte Anton Ulrich nicht verhindern, daß das jüngere Welfenhaus in Hannover die Kurwürde erhielt, und auch die Anwartschaft der Hannoveraner auf den englischen Thron hat ihn erbittert. Mit gänzlich unzulänglichen Mitteln wollte er einmal sogar militärisch gegen Hannover vorgehen, was eine sofortige Besetzung seines eigenen Landes nach sich zog. Nur in seiner Heiratspolitik hatte er einigen Erfolg. Eine Enkelin konnte er mit dem Sohn Peters des Großen verheiraten (der allerdings nicht an die Regierung kam), eine andere wurde Kaiserin in Wien (und Mutter Maria Theresias). Unmittelbaren Nutzen hat das Herzogtum aus diesen Heiraten nicht ziehen können.

Für Herzog August war sein Wahlspruch „Allzeit bedächtig" kennzeichnend gewesen, Anton Ulrich wurde jedoch am besten durch ein Wort von Lieselotte von der Pfalz charakterisiert: „Wenn ... Wünsche gelten sollten, so würde der Hertzog einer der größten Monarchen sein."

Das Zeitalter der Aufklärung

Nicht für den Ruhm des Fürsten, sondern für das Wohl der Untertanen muß der Staat wirken – das war die Überzeugung der Aufklärung. Damit drehte sich der Staatszweck gewissermaßen um. Nach altadeligem Verständnis hatten sich die Untertanen anzustrengen, um den Glanz und die Ehre des Fürsten zu mehren, künftig sollte der Fürst der Diener seines Staates sein, wie Friedrich der Große es mehrfach ausgedrückt hat.

Allerdings, so rein wie in der Theorie verwirklichte sich der „Aufgeklärte Absolutismus" nicht. Friedrich überfiel unter fadenscheinigen Gründen Österreich, um Schlesien zu erobern, um kriegerischen Ruhm zu erringen und seine Einkünfte zu vermehren. In einem ähnlichen Zwielicht stehen die beiden Braunschweiger Fürsten, die sich mit dem Zeitalter der Aufklärung verbinden, obgleich sie sich an Bedeutung nicht mit dem großen Preußenkönig messen können.

Seit den Tagen Anton Ulrichs war der braunschweigische Staat nicht mehr von einer erheblichen Schuldenlast freigeworden. Karl I., der 1735 an die Regierung kam, mußte deshalb versuchen, die Schulden zu verringern. Der Geist der Zeit, der Maßnahmen zugunsten der Untertanen forderte, und der Zwang, die Einkünfte zu mehren, wirkten zusammen, um eine Fülle von wirtschafts- und gewerbefördernden Maßnahmen ins Leben zu rufen. Viele davon waren letztlich ergebnislos oder sogar von negativer Wirkung. Immer wieder kam es vor, daß der Herzog von gewissenlosen Abenteurern ausgenutzt wurde, die versprachen, große Unternehmungen ins Werk zu setzen, es aber vor allem darauf anlegten, Subventionen einzustreichen. Nicht selten beteiligten sich die Beamten an der Ausplünderung der Staatskasse, oder sie vernachlässigten in einem unvorstellbaren Maße ihre Kontrollpflicht. Auch ließen sich alle Beteiligten immer wieder zu geradezu sträflich optimistischen Kalkulationen hinreißen. Der Herzog selbst war daran nicht unschuldig. Er war säumigen Beamten gegenüber zu milde, war selbst zu optimistisch bei allen Unternehmungen, ohne doch geduldig und fleißig ihren Fortgang zu verfolgen, und war vor allem keineswegs bereit, sich selbst und seinen Hofstaat einzuschränken.

Trotzdem gab es unter Karl und und seinem Sohn Karl Wilhelm Ferdinand eine ganze Reihe von Unternehmensgründungen, die sich als erfolgreich erwiesen, und zwar gewöhnlich dann, wenn die Herzöge den Unternehmern freie Hand ließen. Die Fabrik für Lackwaren, 1771 von Stobwasser gegründet, ist dafür ein gutes Beispiel. Oft wollte Karl I. aber den Gewinn selbst einstreichen und gründete einen Staatsbetrieb. Solche Unternehmen rentierten sich wegen des allgemeinen Schlendrians jedoch kaum. Die berühmte Porzellanfabrik Fürstenberg, die der Herzog 1747 anlegen ließ, hat jahrzehntelang nur Zuschüsse erfordert und ist während der ganzen Regierungszeit des Fürsten kaum einmal in die Gewinnzone gekommen. Auch Versuche, ein herzogliches Salzmonopol zu errichten, waren nur teilweise erfolgreich.

Nicht viel anders stand es mit dem Herzoglichen Leihhaus. Hier sollte man Gelder gegen Hinterlegung von Pfändern leihen und Hypotheken aufnehmen können, außerdem konnte man im Leihhaus Geld anlegen. Eine solche staatliche Bank war etwas relativ Neues in Europa. Leider hatte die Öffentlichkeit kein übermäßiges Vertrauen zum Leihhaus, so daß sich die Geschäfte seit der Gründung 1765 nur langsam entwickelten. Segensreich wirkte dagegen die Brandversicherung, in die alle Hauseigentümer eintreten mußten.

Geradezu katastrophal entwickelten sich die Kanalprojekte Karls I. Mit erheblichem Aufwand wurde z. B. eine Okerschiffahrt zwischen Wolfenbüttel und Braunschweig begründet. Der Fluß wurde ausgebaggert, und Schleusen wurden errichtet. Sie taugten jedoch nichts und verursachten ständig hohe Kosten, ohne daß die Schiffahrt imstande war, den Verkehr zwischen den beiden Städten zu beschleunigen. Nach wenigen Jahren mußte das Unternehmen abgebrochen werden. Andere Wasserbauten etwa an der Schunter waren noch verlustreicher.

Erfolgreich war dagegen die Messe. Zweimal jährlich trafen sich in Braunschweig etwa 2 000 bis 3 000 Fachbesucher zum Handel, dazu kamen einige weitere tausend Schausteller, Kleinhändler und Schaulustige. Braunschweig war neben Leipzig und Frankfurt am Main eine der drei großen Messestädte Deutschlands. Dies wurde teilweise dadurch bewirkt, daß die Obrigkeit den Messebesuchern in großem Maße Freiheit ließ. Zum Beispiel bildeten sie aus ihren eigenen Reihen einen Gerichtshof, der entstehende Meinungsverschiedenheiten entschied.

Neben der Gewerbeförderung stand die Förderung der Landwirtschaft. Auch hier zeigte sich die Zwiespältigkeit der Fördermaßnahmen. Die Anstrengungen, die man unternahm, um den Kartoffelanbau einzuführen, waren durchaus zu begrüßen, wenn sie auch zunächst nur mäßigen Erfolg hatten. Besonders im rauhen Klima des Harzes sollten sie den armen Bergleuten eine zusätzliche Ernährungsgrundlage schaffen. Größere Mühe verwendete die Regierung auf die Einführung des Seidenbaus. Die Pflanzung von Maulbeerbäumen, die Zucht von Seidenraupen wurde gefördert und in staatlicher Regie betrieben – im ganzen aber ein völliger Fehlschlag. Außerordentlich segensreich war dagegen die Landesvermessung, die 1746 begonnen wurde. Sie erfolgte zu steuerlichen Zwecken und war verbunden mit einer Flurbereinigung. Weil sie erst 1773 beendet wurde, kam Karl I. nicht mehr in den Genuß der Steuereinnahmen, auf die er gehofft hatte. Die Klärung der Besitzlage und die Flurbereinigung waren aber eine außerordentlich günstige Voraussetzung für die liberalen Agrarreformen, die ein knappes Jahrhundert später ins Werk gesetzt wurden.

Es gehörte zu den Grundüberzeugungen der Aufklärung, daß der Mensch das Beste wolle und bereit sei, zum allgemeinen Wohl tätig zu sein, man müsse ihn nur richtig belehren. Deswegen versuchten die aufgeklärten Monarchen, das Bildungswesen ihres Landes zu heben. In Braunschweig bestand zwar seit 1651 Schulpflicht, sie wurde jedoch wie fast überall weitgehend ignoriert. Die Bemühungen der beiden Braunschweiger Fürsten änderten daran wenig. Geldmittel für eine ausreichende Lehrerbesoldung und für Schulbauten fehlten, ebenso die Einsicht der breiten Bevölkerung, daß Schulbildung nützlich sei.

Das höhere Bildungswesen erfuhr bessere Unterstützung. Zwar konnten die Braunschweiger die Helmstedter Universität nicht in dem Maße fördern, daß sie die Konkurrenz der neugegründeten Göttinger Hochschule aushalten konnte, so daß Helmstedt bald im Schatten der Universitäten von Göttingen und Halle stand, aber eine bedeutsame Anstalt wurde doch gegründet, nämlich das Collegium Carolinum. Es sollte eine Anstalt zwischen der Schule und der Universität sein, Fachbildung und allgemeine Bildung vermitteln, dabei auch in die Lebensart der höheren Stände einführen, z. B. Fechten und Reiten lehren. Diese vielfache Zielsetzung verwässerte das ganze Unternehmen, von dem überdies gehofft wurde, es werde nicht Geld kosten, sondern Geld einbringen. Ähnlich wie andere Unternehmungen des Herzogs sollte auch das Collegium Carolinum erst in späterer Zeit seine positive Wirkung entfalten.

Der eigentliche Schöpfer des Collegium Carolinum war der Abt Jerusalem, ein feinsinniger und hochgebildeter Geistlicher. Die Gelehrten, die im 18. Jahrhundert an dieser Anstalt wirkten, u. a. Ebert, Zachariä, Schmid, Gärtner, Eschenburg, hatten in der gebildeten Gesellschaft Deutschlands einen hervorragenden Ruf. Sie alle wurden jedoch überstrahlt von dem Bibliothekar an der Wolfenbütteler Bibliothek, nämlich von Lessing. Es spricht für Karl I., daß er ihn 1770 verpflichtet hat, „mehr, damit er die Bibliothek, als daß diese ihn benütze", und daß Karl damit den ausdrücklichen Hinweis verband, Lessing könne selbst das Maß seiner Amtsgeschäfte bestimmen. Als dieser 1778 die „Fragmente eines Ungenannten" herausgab, die die christlichen Dogmen einer kritischen Prüfung unterzogen, hagelte es Proteste von allen Seiten. Die Universität Göttingen wurde sogar beim Kaiser vorstellig, um ein Schreibverbot für den mutigen Bibliothekar zu erwirken. In Braunschweig zog man zwar das Manuskript ein und stellte Lessing unter Zensur, ließ ihn aber weiter publizieren, während man die antilessingsche Schrift eines Wolfenbütteler Superintendenten nicht zum Druck zuließ.

Für das Herzogtum bedeutete der Siebenjährige Krieg (1756–1763) eine Katastrophe. Karl I. hatte eine Schwester Friedrichs des Großen geheiratet und war eng mit Preußen verbunden. Das Land stellte sich sofort auf die preußische Seite. Ein Bruder Karls I., Herzog Ferdinand, wurde einer der herausragenden Feldherrn auf der Seite Preußens, das er im Westen, gegen Frankreich, zu verteidigen hatte. Hier wogte der Kampf hin und her. Gelegentlich gelang es Ferdinand, die Franzosen bis über den Rhein zurückzutreiben, häufig drangen sie aber auch bis ins Herzogtum vor. Die Stadt Braunschweig wurde 1758 von den Franzosen eingenommen, und auch 1761 war sie in großer Gefahr. Nur durch ein siegreiches Nachtgefecht bei Oelper konnte die

Hauptstadt entsetzt werden. Wolfenbüttel aber wurde ebenso wie Seesen, Gandersheim und das flache Land von den Franzosen drangsaliert.

Der Siebenjährige Krieg kostete mit seinen Zerstörungen und Kontributionen enorme Summen. Hinzu kamen die Militärausgaben. Zeitweilig hatte Karl I. 16 000 Mann unter Waffen, vielfach Nichtbraunschweiger, immerhin wären das etwa 40 % der erwachsenen männlichen Bevölkerung des Herzogtums gewesen. Da sich Karl in der üppigen Hofhaltung keinerlei Beschränkungen auferlegte und die Wirtschaftsunternehmungen im allgemeinen mehr kosteten als einbrachten, geriet das Land immer tiefer in Schulden. Der leitende Minister Schrader, als „von Schliestedt" geadelt, fand lange noch irgendwelche Auswege. Beliebig wurde z. B. Geld aus irgendwelchen Kassen genommen, das an sich für andere Zwecke bestimmt war. Auch Münzverschlechterungen wurden vorgenommen. Eine englische Subvention über 4 Mill. Talern wurde z. B. eingeschmolzen, und daraus wurden 10 Mill. geprägt. Daß man außerhalb Braunschweigs ein solcherart verschlechtertes Geld nicht annehmen wollte, ist verständlich. Über die Einnahmen und Ausgaben hatte man kaum einen Überblick, denn einen Staatshaushalt gab es nicht. Man lebte von der Hand in den Mund. Andererseits wurde die Steuerkraft des Landes durchaus nicht ausgeschöpft, denn die Ausgaben wurden weitgehend aus dem Kammergut bestritten, d. h. aus den Besitzungen, die dem Herzog bzw. dem Staat gehörten (das wurde noch nicht unterschieden). Die breite Bevölkerung, vor allem der Adel und die Kirche, wurden wenig oder gar nicht zur Finanzierung der Staatsaufgaben herangezogen.

1768 war es schließlich offenbar, daß der Staatshaushalt nicht mehr in der bisherigen Weise fortgeführt werden konnte. Neue Steuern durfte der Herzog aber ohne die Zustimmung der Stände nicht erheben. Der absolute Herrscher war nämlich keineswegs so souverän, daß er beliebig über Einkommen und Vermögen der Untertanen verfügen konnte. Die Stände – das waren Geistlichkeit, Adel und Dritter Stand – waren zwar in Braunschweig seit 1682 nicht mehr zusammengerufen worden, aber als Vertretung des Landes unvergessen. 1768 wurden sie deshalb zur Behebung der Finanznot einberufen. Sie setzten sich aus 9 Prälaten, 46 Vertretern der Ritterschaft und 9 Vertretern der Städte zusammen.

Nach und nach kam die ganze Verschuldung ans Licht. Erst 1773 stellte sich heraus, daß Schrader von Schliestedt für das Herzogtum vom englischen König 2 Millionen Taler geliehen hatte, ohne darüber etwas verlauten zu lassen. Während die Kammerrechnung für 1773/74 nur etwas über 2 Mill. Taler Schulden auswies, waren es in Wirklichkeit über 9 Mill.

Die Stände haben einen Teil der Schulden auf sich genommen unter der Bedingung, daß dem Erbprinzen Karl Wilhelm Ferdinand das Finanzwesen übertragen würde. Karl I. wurde damit praktisch entmachtet. Ab 1773, wenn auch nominell erst nach dem Tode des Vaters 1780, war Karl Wilhelm Ferdinand der Herr des Landes.

Dieser hat sich mit Erfolg bemüht, die Schulden des Landes zu tilgen, indem er Soldaten verkaufte. Dies ist die harte Ausdrucksweise für sein Handeln. Die Zeit bevorzugte es, von Subsidienverträgen zu sprechen. In der Tat waren sie durchaus gebräuchlich und sind es bis zum heutigen Tage. Bündnisverträge wurden (und werden) unter der Bedingung abgeschlossen, daß die finanzkräftigere Seite den Bündnispartner finanziell unterstützt. Einen solchen Vertrag schloß Karl Wilhelm Ferdinand mit England ab, als der Amerikanische Unabhängigkeitskrieg ausbrach. Für 2 Millionen Taler zogen über 4 000 braunschweigische Soldaten, die allerdings weitgehend Freiwillige aus nichtbraunschweigischen Gebieten waren, nach Amerika. Sie haben sich dort keinen Ruhm erworben. Schon nach kurzer Zeit wurde der größte Teil dieser Truppe von den Amerikanern gefangen genommen.

Karl Wilhelm Ferdinand versuchte ebenso wie sein Vater, Reformen durchzuführen. Mit dem späteren preußischen Staatskanzler Hardenberg und dem Pädagogen Campe hat er das Bildungswesen des Landes reformieren wollen, dies scheiterte am Widerstand der Stände. Leisewitz, der Dichter des Dramas „Julius von Tarent", schuf im Auftrag des Herzogs ein System der Armenversorgung, im Prinzip umfassend, in der Praxis aber wegen Geldmangel unzureichend. Persönliche Umgänglichkeit und Sparsamkeit verhalfen Karl Wilhelm Ferdinand zu dem Ruf, einer der besten Monarchen Europas zu sein.

Da er auch als guter Feldherr galt, hat ihn das revolutionäre Frankreich zum Oberbefehlshaber der französischen Truppen machen wollen, als die monarchischen Staaten gegen Frankreich

Front machten. Karl Wilhelm Ferdinand hat dieses Angebot abgelehnt und ist im Gegenteil Befehlshaber der alliierten Invasionsarmee geworden. Sein Name verbindet sich mit dem Manifest, in dem er die revolutionären Pariser aufforderte, ihrem König zu gehorchen, andernfalls würde er, der Herzog, an Paris schreckliche Rache nehmen. Bis zum heutigen Tage ist dies Manifest bei den Franzosen in böser Erinnerung. Karl Wilhelm Ferdinand sollte keine Gelegenheit zur Rache bekommen. Bei Valmy traf er auf das französische Revolutionsheer, das ihm mit einer heftigen Kanonade den Weg versperrte, und der Rückzug seiner Armee endete in einem Desaster.

1806, als der Krieg zwischen Preußen und dem inzwischen Kaiserreich gewordenem Frankreich ausbrach, wurde Karl Wilhelm Ferdinand erneut an die Spitze der preußischen Truppen gestellt. Weniger als je den Anforderungen gewachsen, wurde der siebzigjährige Herzog in der Schlacht von Auerstädt (am 14. Oktober 1806) aufs schwerste verwundet. Wenig später erlag er auf der Flucht vor den napoleonischen Truppen seiner Verwundung. Damit starb ein Fürst, der den Zeitgenossen als einer der aufgeklärtesten galt, dessen Staat in dem Ruf stand, einer der am besten verwalteten in Europa zu sein.

Die bäuerliche Welt um 1800

Wer um 1800 durch Braunschweiger Land reiste, sah um sich eine heitere, anmutige Landschaft. Allenthalben belebten Hecken das Landschaftsbild. Über den Äckern und Weidegründen erhoben sich kräftige Bäume. Vielerorts gab es Baumgruppen, und die Wälder waren licht und glichen mehr einem Hain. Die Bäume standen weit auseinander, zwischen ihnen wuchs das Gras, und die Wälder öffneten sich immer wieder zu Waldwiesen. Die Bäche schlängelten sich durch die Wiesen und wurden nur durch die Wurzeln der Kopfweiden halbwegs in ihrem Bett gehalten. Im Frühling bedeckte ein Flor von Blüten Weg- und Waldränder, Wiesen, Weiden und Äcker. Überall zirpten die Insekten und zwitscherten die Vögel. Es fehlte ihnen weder an gesunder Nahrung noch an Nistplätzen. Niemals, weder in der Zeit des germanischen Urwalds noch in der Zeit der industriell geformten, chemisch gereinigten Agrarlandschaft hat es im Braunschweigischen so viele Pflanzen- und Tierarten gegeben wie um 1800. Die Lebewesen des Waldes fanden hier ebenso ihren Platz wie die der Kulturlandschaft. Im übrigen Deutschland war es nicht anders.

Die Ackerfluren, aufgeteilt in viele schmale, oft nur wenige Meter breite Felder, waren von Hecken eingefaßt, dies schon, um herumstreifendem Vieh den Zugang zu versperren. Aus dem gleichen Grund säumten Hecken die Wege und die weiten Weiden. Die Herden des Dorfes, Pferde-, Rinder- und Schafherden, standen auf der Weide, von Hirten gehütet, oder drangen auch in den Wald vor, mit ihrem Verbiß dafür sorgend, daß kein Unterholz aufkam. Die großen Bäume auf der Feldmark und in den Dörfern schonte man, denn einige warfen Eicheln für die Schweine ab, andere dienten den Bienen zur Weide, und vor allem standen sie den Bauern als Bauholz zur Verfügung, wenn ein Brand das Dorf verheert hatte.

Anders als heute war die Landschaft nicht durch Straßen, Eisenbahntrassen und elektrische Leitungen gegliedert. Die Wege waren ungepflegt und zogen sich, wie sie jahrhundertealte Gewohnheit geschaffen hatte, durch die Feldmark, durchquerten

Bäche, verloren sich fast in Morast und Sumpf, führten aber auch durch Gärten, selbst durch Häuser. Die Händler, die in den Dörfern der Ebene Nahrungsmittel für die Bergleute im Harz kauften, luden das Getreide auf Pferde und Esel, denn Wagen oder Karren wären nicht durchgekommen.

Die Dörfer im Kerngebiet des Herzogtums Braunschweig, in den Kreisen Braunschweig, Helmstedt und Wolfenbüttel, hatten um 1800 zwischen 100 und 600 Einwohner, im Durchschnitt etwa 280. Mit etwa 20 bis 60 Häusern ist durchschnittlich zu rechnen, aber nur in etwa der Hälfte saßen Vollbauern.

Meistens bestand ein solcher Bauernhof aus drei oder vier Gebäuden, die sich um einen etwa quadratischen Hof gruppierten. Das Wohnhaus lag gewöhnlich der Straße gegenüber. Wer es betrat, befand sich sogleich im wichtigsten Teil des Hauses, der Küche, wo sich natürlich die Feuerstelle befand, über der ein offener Kamin den Blick in den Himmel zuließ. Auf der einen Seite führte eine Tür in die „Gute Stube", in der ein mächtiger Ofen, vom Herd durch die Wand heizbar, für Wärme sorgte. Auf der anderen Seite der Küche und unterm Dach gab es Schlafkammern, alle unheizbar. Links und rechts des Hauses befanden sich Stall und Scheune, gegenüber oft eine Remise für die Ackergeräte, hinter dem Haus ein Garten für Blumen und Gemüse. Diese „mitteldeutschen" Gehöfte grenzten relativ eng aneinander, die Dörfer machten einen kompakten Eindruck.

Nördlich der Lößgrenze, die ja quer durch das Herzogtum und die Stadt Braunschweig verlief, war ein anderer Hoftyp üblich, nämlich das Niederdeutsche Hallenhaus. Schritt man hier durch das große Eingangstor, in das auch vollbeladene Wagen einfahren konnten, so sah man sich auf einer großen Diele, auf der rechts und links Pferde und Rinder standen, ehe sich die Diele zum Herdplatz weitete. Hier wurde gekocht und gegessen, hier lebte die bäuerliche Familie, wenn sie sich im Hause aufhielt. Dahinter gab es ein paar Stuben als Aufenthaltsräume für bessere Gelegenheiten und zum Schlafen.

Die Lebensumstände waren in vieler Hinsicht spartanisch. Gewöhnlich kochte man in einem großen Kessel, der über den Tisch geschwenkt wurde, wenn das Essen gar war und aus dem man einträchtig die Suppe löffelte. Da man keine Teller benutzte und außer dem Löffel auch kein Besteck, gab es auch kein Abwaschen. Die Anwesenheit des Viehs im gleichen Raum und der Staub, der auf der Diele vor allem im Winter beim Dreschen mit dem Dreschflegel entstand, machte eine gewisse Unsauberkeit unvermeidlich. In der kalten Jahreszeit fror man. Auch wenn die Ställe voll besetzt waren und Stroh den Boden füllte, konnte das Herdfeuer ein niederdeutsches Hallenhaus doch nur um 5 °C über Außentemperatur erwärmen. Wenn es draußen -10 °C waren, konnte drinnen der Kaffee im Becher gefrieren.

Die durchschnittliche Familiengröße lag bei etwa 5 Personen. Man heiratete spät, mit fast dreißig Jahren, und es wurden nicht allzu viele Kinder geboren. Man wendete empfängnisverhütende Methoden an, obgleich sie offiziell verpönt waren. Viele Kinder sind auch früh gestorben. Die Infektionskrankheiten, vor allem die Pocken, rissen immer wieder große Lücken in die Kinderschar, so daß nur relativ wenige das Erwachsenenalter erreichten. Großeltern lernten die meisten Kinder nicht kennen. Wegen des relativ hohen Heiratsalters der Eltern und des relativ frühen Todes der Großelterngeneration lebten nur in Ausnahmefällen drei Generationen auf einem Hof. Die Vorstellung, in alter Zeit hätten Großeltern, Eltern und Kinder als Großfamilie in einem Hause zusammen gewohnt, gehört ins Reich der Legende.

Braunschweig war Anerbengebiet, das heißt, ein Kind erbte den Hof. Das war nicht unbedingt der älteste Sohn, aber jedenfalls war nur einer erbberechtigt. Die anderen wurden abgefunden, die Mädchen z. B. mit der Aussteuer. Eine solche Abfindung mochte relativ reichlich sein, durfte aber nie den Bestand des verbleibenden Hofes gefährden. Den weichenden Erben blieben wenig Möglichkeiten, sich den Lebensunterhalt zu verdienen. Wenn sie auf dem Lande blieben (wie etwa 80 % der Bevölkerung), dann gab es für sie nur den Abstieg in die unterbäuerliche Schicht. Sie konnten z. B. Landhandwerker werden, sie konnten sich als Tagelöhner verdingen oder sich vom Spinnen und Weben ernähren.

In den braunschweigischen Mittelgebirgsdistrikten entfaltete sich gegen Ende des 18. Jahrhunderts eine ausgedehnte textile Heimindustrie. Ganze Dörfer scheinen sich vorwiegend mit dem Spinnen beschäftigt zu haben. Braunschweigische Kaufleute kauften das Garn in großen Mengen auf und verkauften es in die Seestädte, von wo es nach England und Übersee exportiert wurde.

Solange die Textilproduktion noch nicht durch Maschinen erfolgte (und das war vor 1800 kaum der Fall), solange blühte die Heimindustrie in den deutschen Mittelgebirgen. Es fällt jedoch auf, daß die weichenden Erben in den landwirtschaftlich besser situierten Lößgegenden Braunschweigs nicht für den Export spannen, sondern als Tagelöhner weiter landwirtschaftlich tätig waren.

In den Kerngebieten des Herzogtums waren die Vollbauern nur eine Minderheit innerhalb der „männlichen Erwerbsbevölkerung". In einem Dorf mittlerer Größe, Watenstedt z. B., das heute zu Salzgitter gehört, zählte man 1793 zwei Ackerleute. Das waren die großen Bauern, die verpflichtet waren, mit einem Gespann beim Grundherrn Dienst zu leisten. Ackerleute besaßen meistens mehr als 80 Mg. Watenstedt hatte fünf Halbspänner mit 50 bis 100 Mg., die nur die halbe Zeit beim Grundherrn mit dem Gespann zu dienen hatten. Kotsassen, die nur Handdienste leisteten, wurden 22 gezählt. Kotsassen besaßen zwischen 5 und 70 Mg., die kleinen konnten sich kaum von ihrer Landwirtschaft ernähren, sondern mußten z. B. mit einem Handwerk hinzuverdienen. Diese drei Bauernklassen, untereinander oft wegen unterschiedlicher Interessen entzweit, hielten zusammen, wenn es gegen die nicht vollbäuerliche Bevölkerung Front zu machen galt. Diese wurde zunächst von den Brinksitzern gestellt, Kleinbesitzern, die auf Grund fürstlicher „Peuplierung" angesiedelt worden waren. Sie waren unter elenden Umständen gerade noch fähig, sich selbst von ihrem Land zu ernähren, die meisten mußten hinzuverdienen. Strittig war, ob sie ihr Vieh auf die Gemeindeweide treiben durften oder nicht. In Watenstedt gab es sieben Brinksitzer. Noch unter den Brinksitzern standen die Häuslinge, ein Wort, das am treffendsten mit Mieter zu übersetzen ist, denn Häuslinge waren gänzlich ohne Grundbesitz, auch ohne eigenes Haus. Sie ernährten sich von Tagelohn oder von ländlichem Handwerk. Ihre Lage war im allgemeinen elend. Schließlich sind als männliche Erwerbsbevölkerung noch die Knechte zu zählen. Es dürften 1793 etwa 80 erwachsene Männer in Watenstedt gelebt haben. Vergleicht man diese Zahl mit den beiden Ackerleuten, den fünf Halbspännern und 22 Kotsassen, so wird deutlich, daß die Bauern, die sich allein von ihrer eigenen Landwirtschaft ernähren konnten, um 1800 nur eine Minderheit im Dorf gebildet haben.

Die verschiedenen dörflichen Schichten standen sich in scharfer Frontstellung gegenüber. Die Unterschiede waren kraß. Nur die Bauern (einschließlich der Kotsassen) bildeten den Gemeinderat, so daß sie die gesamte politische Macht innehatten. Als einzige Arbeitgeber und potente Käufer hatten sie auch die wirtschaftliche Macht. Selbst in der Kirche nahmen sie die besten Plätze ein. Sie konnten ihre Feste vor dem Altar mit mehr Gepränge begehen, denn jede einzelne Handlung (z. B. Glockengeläut oder Segen) kostete zusätzlich Geld, und das konnte von der Unterschicht nur mit Mühe aufgebracht werden. Auch in der Schule saßen die Kinder nach Besitzklassen getrennt. Die unglückliche Lage einer armen und unterdrückten Dorfmehrheit war der dunkle Hintergrund, vor dem sich die vollbäuerliche Bevölkerung durch einen gewissen soliden Wohlstand auszeichnete.

Um 1800 war in Braunschweig die Dreifelderwirtschaft überall auf dem Rückzug, aber nicht gänzlich verschwunden. In den fruchtbaren Gebieten war eine Fruchtfolge verbreitet, die die Felder jedes vierte Jahr zur Brache einteilte. Oft wurde dieses Brachfeld dann „besömmert", d. h. mit Lein, Kartoffeln, Kohl oder Wicken bestellt. Auf den Sandböden des Nordens war eher ein dreijähriger Turnus üblich, und die Brache wurde beweidet. Die Ökonomen der Zeit dachten vielfach darüber nach, wie sie die Brache vermeiden könnten, bedeutete sie doch, daß ein Feld für die Pflanzenproduktion ausfiel. Aber die Brache hatte auch ihre Vorteile. Vor allem erlaubte sie eine intensive Unkrautbekämpfung, weil das Brachfeld fünfmal mit Pflug und Egge bearbeitet wurde, wodurch die auflaufenden Unkräuter weitgehend vernichtet wurden.

Verunkrautung war nur eine der Gefahren, die der Pflanzenproduktion drohten. Weder gegen Krankheiten noch gegen Insekten oder Mäuse kannte man ein Mittel. Auch Feuchtigkeit und Trockenheit bedrohten das Getreide. Da die Pflüge aus Holz waren und einen erheblichen Zugwiderstand leisteten, konnte man nur 8 bis 12 cm tief pflügen. Die Nährstoffe der tieferen Schichten standen den Pflanzen also nicht zur Verfügung, und die Unkräuter wurden nicht tief genug untergegraben. Im Sommer trocknete die oberste Erdschicht rasch aus, während sie bei Regen leicht verschlämmte. Man milderte diese Erscheinungen, indem man die Äcker zur Mitte hin hochpflügte. Dabei entstanden die sogenannten Wölbäcker. Sehr erfolgreich war diese Methode nicht.

Auf den fruchtbaren Böden des Herzogtums Braunschweig erntete das Gut Lucklum in den 1790er Jahren 11,4 dz Weizen, 12,2 dz Roggen, 12,6 dz Gerste und 8,8 dz Hafer pro Hektar. Auf Ackerhöfen hielt man etwa sechs Pferde, auf Kothöfen durchschnittlich zwei. Auch sechs Kühe wurden auf den Ackerhöfen gezählt sowie ein bis zwei Rinder. Wenig bedeutsam war die Schweinehaltung, denn nur drei Schweine wiesen die Ackerhöfe im Durchschnitt aus, dafür aber etwa 50 Schafe. Bei der Rindviehhaltung war im Braunschweigischen wohl die Milchwirtschaft wichtiger als die Fleischerzeugung, denn sie brachte höhere Erlöse, und die Transporte von Milch und Butter in die Städte dürften zu bewältigen gewesen sein. Jedenfalls erbrachten die Kühe etwa 700 l Milch jährlich. Als Äquivalent wurde mit 52 Pfund Butter und einer beträchtlichen Menge Käse gerechnet. Die Schafe brachten in erster Linie als Wollieferanten Gewinn, vor allem, nachdem man in zunehmendem Maße Merinoschafe in die einheimischen Rassen eingekreuzt hatte.

Der zeitgenössischen landwirtschaftlichen Literatur nach zu urteilen, war der Hauptzweck des Viehbestands die Düngererzeugung. In der Tat, nur mit natürlichem Dünger konnte die Fruchtbarkeit der Felder erhalten werden. Dieser natürliche Dünger fiel in zu geringen Mengen an, als daß man die Felder öfter als alle vier bis sechs Jahre düngen konnte. Eine Vermehrung des Viehs stieß auf Schwierigkeiten. Die Gemeindeweiden waren überweidet. Deshalb erhob sich der Widerstand der anderen Weideberechtigten, wenn man sein Vieh vermehrte. Vor allem waren die Bauern kaum fähig, mehr Futtermittel im Winter bereitzustellen. Wollten sie einen größeren Teil ihrer Felder für den Anbau von Futterpflanzen verwenden, ging das auf Kosten der Getreidemenge, die man ja gerade durch bessere Düngung vermehren wollte. Diesem Teufelskreis war nur schwer zu entkommen. Der Anbau von Wicken auf dem Brachfeld war ein möglicher Ausweg. Wicken sind Schmetterlingsblütler und gehören zu den Stickstoffmehrern. Sie erhöhten deshalb die Bodenfruchtbarkeit und ergaben gleichzeitig ein gutes Viehfutter. Da aber die naturwissenschaftlichen Zusammenhänge unbekannt waren, beruhte alles auf Erfahrung. Die Bauern waren mit Recht mißtrauisch und zögerten, Neuerungen einzuführen, denn allzu viele Ratschläge waren am grünen Tisch ausgedacht und bewährten sich nicht in der Praxis. Die meisten Landleute werden sich noch an die intensive Werbung für die Seidenraupenzucht erinnert haben, die in einem völligen Fehlschlag geendet hatte. Sie nahmen lieber das auf, was ein Nachbar erfolgreich erprobt hatte. Auf diese Weise ging der landwirtschaftliche Fortschritt zwar langsam, aber mit weniger Risiko vonstatten.

Immerhin stieg bis 1800 die landwirtschaftliche Erzeugung, verglichen mit den vorangegangenen Jahrzehnten. Vor allem hatten sich die Preise erhöht. Größere Höfe verfügten im Braunschweigischen über ein Einkommen in der Größenordnung von 400 Talern jährlich, wobei alle Belastungen schon abgezogen sind. Das war auch etwa das Einkommen eines gut verdienenden, mit reichlichem Land und anderen Einkünften versehenen Landpastors. Es hätte z. B. das Studium eines Sohnes erlaubt. Kleinere Höfe lagen deutlich darunter, und die Armen des Dorfes mochten, wenn sie gesund waren, einschließlich ihrer Naturaleinkünfte auf 80 Taler jährlich kommen. Der behäbige Wohlstand der größeren Vollbauern kontrastierte mit der Dürftigkeit der breiten Dorfarmut.

Das 19. Jahrhundert

Die Westfälische Zeit

Der vor den napoleonischen Truppen flüchtende Karl Wilhelm Ferdinand hat noch auf dem Sterbebett die Nachfolge zugunsten seines Sohnes Friedrich Wilhelm geregelt. (Dieser hatte zwei ältere Brüder, die wegen geistiger Gebrechen und Blindheit nur beschränkt regierungsfähig waren.) Friedrich Wilhelm konnte die Regierung jedoch nicht antreten, weil Napoleon ihn noch im Oktober 1806 absetzte. Wenig später schuf Napoleon das Königreich Westfalen, das große Teile Nordwestdeutschlands mit der Hauptstadt Kassel umfaßte und in das er seinen Bruder Jérôme als König einsetzte. Das Herzogtum Braunschweig wurde dem neuen Reich einverleibt, das Kerngebiet in das Departement Oker umgewandelt.

Dieses Königreich Westfalen war eine gänzlich französische Schöpfung. Die Amtssprache war z. T. Französisch. Das offizielle Nachrichtenblatt des Königreichs, Le Moniteur Westphalien, war z. B. zweisprachig. Viele Beamte waren Franzosen, ebenfalls viele Offiziere. Zeitweise war die Gendarmerie französisch. Das neue Regime brachte auch seine eigene Gesetzgebung mit, insbesondere den Code civil. Dieses große bürgerliche Gesetzbuch hatte viele Vorteile. So beseitigte es die Zunftgesetzgebung, indem es eine allgemeine Gewerbefreiheit einführte. Es beseitigte Adelsvorrechte, indem es z. B. die Patrimonialgerichtsbarkeit abschaffte, also die niedere Gerichtsbarkeit durch den Adel. Künftig sollte das Fortkommen nur noch von der eigenen Tüchtigkeit abhängen, nicht mehr etwa von adeliger Geburt. Auch wurde der Adel künftig der Besteuerung unterworfen. Segensreich und zukunftsweisend war die strikte Trennung von Verwaltung und Rechtsprechung. Die Prozeßordnung, der Code de procédure civile, beeindruckte durch die Öffentlichkeit des Verfahrens und durch die Mitwirkung von Geschworenen und ermöglichte ein viel schnelleres Verfahren. Der Appellationshof in Celle fällte z. B. im Jahre 1810 4492 Entscheidungen und erledigte damit viele uralte Prozesse. Schließlich gab es im Königreich Westfalen sogar eine Art Verfassung, indem eine Ständevertretung eingerichtet wurde.

Trotzdem gewann sich das neue Regime mit diesen Gesetzen keine Freunde. Die Abschaffung der Zunftordnungen mißfiel den Handwerkern. Die Ablösungsordnung wurde nur wenig wirksam, weil viele Details nicht durchdacht waren. Dem Adel mißfiel, daß seine Stellung untergraben wurde. Weil er aber am Kasseler Hof weiterhin dominierte, war eine Änderung der gesellschaftlichen Ordnung im Sinne des Bürgertums nach außen hin nicht sichtbar. Die Ständevertretung stand auf dem Papier. Sie wurde nur zweimal einberufen und fungierte weitgehend als bloße Zustimmungsmaschine.

Die Bevölkerung litt unter Kontributionen, Einquartierungen, Steuerdruck und Einberufungen. Während der ganzen napoleonischen Zeit wurden französische oder westfälische Truppen bei der Bevölkerung einquartiert. Zu Kriegszeiten vermehrten sich die Truppen. Als der Rußlandfeldzug vorbereitet wurde, im März 1812, hielten sich durchschnittlich 5 000 Soldaten Tag für Tag in der Stadt Braunschweig auf, die damals weniger als 30 000 Einwohner hatte. Fast jede Familie mußte einen Soldaten ernähren und unterbringen. Andere Städte wie Königslutter waren noch mehr belastet.

Auch der Steuerdruck war erheblich. Das Königreich Westfalen sollte eine zahlreiche Armee unterhalten (25 000 Mann). Die Staatseinkünfte waren jedoch gesunken, denn Napoleon hatte einen Großteil der Domänen, aus deren Erträgen ein guter Teil der Staatsausgaben bestritten worden waren, als Dotationen für seine Generäle einbehalten. Zudem war Jérôme in seinem persönlichen Lebensstil nicht gerade zurückhaltend. So lasteten denn hohe Steuern auf der Bevölkerung, wobei sich die indirekten Steuern ebenso verhaßt machten wie die Kontinentalsperre, denn beides war mit Haussuchungen, Warenbeschlagnahmungen und ähnlichen, als schikanös empfundenen Maßnahmen verbunden. Trotz aller Steuereintreibungen konnte der Bankrott des Westfälischen Königreichs nicht verhindert werden. Ende 1812 wurden alle Staatsschulden auf ein Drittel des Nennwertes abgewertet.

Stand die Bevölkerung zu Beginn der napoleonischen Ära dem neuen Regime noch gleichgültig gegenüber, so verschlechterte sich die Stimmung in kurzer Zeit rapide. Entschieden trug dazu das Kontributionssystem bei. Jahr für Jahr hatte das Okerdepartement etwa 1 000 Soldaten zu stellen. Viele Menschen hatten das

Gefühl, daß der Dienst im westfälischen Heer Verrat am angestammten Herzogshaus bedeutete. Andere dachten an die Todesgefahr, der die Soldaten ausgesetzt waren. Deshalb flüchteten viele junge Männer, wenn sie ausgehoben werden sollten, oder sie desertierten. Es haben an die 17 % der Konskribierten sich nicht gestellt, obwohl die Eltern dann eine sehr hohe Strafe zu erwarten hatten. Man konnte für den eigenen Sohn auch einen Stellvertreter stellen, mußte ihn dann aber mit 1200 bis 1500 Talern bezahlen, ein Betrag, von dem eine arme Familie 12 bis 15 Jahre leben konnte. Die Höhe der Summe zeigt, wie verhaßt und gefürchtet der Dienst in der westfälischen Armee war.

1809 wurde Braunschweig Zeuge einer legendären Waffentat. Zwischen Österreich und Frankreich war einmal wieder Krieg ausgebrochen. Napoleon siegte bei Wagram, und Österreich mußte um Frieden bitten. Auf österreichischer Seite hatte sich Friedrich Wilhelm, der designierte Herzog von Braunschweig, beteiligt. Bei Kriegsende befand er sich mit seiner Truppe in Sachsen. Als er von dem Friedensschluß hörte, versammelte er seine Truppe und fragte sie, ob sie mit ihm auf eigene Faust weiterkämpfen wolle. Nicht alle, aber viele waren dazu bereit. In der Tat war ein solcher Kampf voller Gefahren, nicht nur militärisch fast aussichtslos, sondern auch rechtlich bedenklich, denn ohne Staatsmacht, die das Unternehmen völkerrechtlich deckte, galt er als Räuberei, und die Teilnehmer konnten alle zum Tode verurteilt werden.

Friedrich Wilhelm, der die Soldaten mit schwarzen Uniformen versehen hatte (sie waren am schnellsten zu beschaffen gewesen und am billigsten), zog nach Norddeutschland, wo er gegen westfälische Truppen einen harten Kampf um Halberstadt auszufechten hatte. Am 31. Juni 1809 rückte er in Braunschweig ein, am 1. August war er nahe daran, die einzige Rückzugsmöglichkeit an die Nordsee zu verlieren, weil ihm im Nordwesten bei Oelper westfälische Truppen unter General Reubell den Weg verlegten. Friedrich Wilhelm mußte sich durchschlagen. In dem Gefecht bei Oelper scheiterte der Angriff der Braunschweiger zunächst. Dann zog sich Reubell jedoch überraschend zurück und machte sogar noch den Weg nach Norden frei. Man kann sich des Eindrucks nicht erwehren, als hätte Reubell auf dem Schlachtfeld den Gedanken bekommen, daß es in einem deutsch-nationalen Sinne nicht wünschenswert sei zu siegen. Friedrich Wilhelm, nach der Uniform seiner Truppen nun der „Schwarze Herzog" genannt, konnte sich mit seinen Soldaten in Elsfleth an der Weser auf englische Schiffe retten. Seine Truppe focht anschließend unter Wellington in Spanien, ihn selbst ließen die Engländer nicht nach Spanien.

Bedeutsamer als die militärische Wirkung dieses kühnen Zuges durch das von Napoleon beherrschte Norddeutschland war die Gesinnung der Bevölkerung, die sich dabei offenbarte. Nach dem Kampf um Halberstadt gingen z. B. 300 Gefangene in die Schwarze Schar über. Die Verwundeten, die Friedrich Wilhelm hatte, wurden von der Bevölkerung versteckt. Sie wagte zwar keinen allgemeinen Aufstand – wie hätte der auch ohne Führung, Planung und ohne Waffen vonstatten gehen sollen – aber sie war zu jeder Unterstützung bereit. Es gab ständig Freiwillige, die sich dem Schwarzen Herzog anschlossen. Als Jérôme wenig später das Schlachtfeld von Oelper besuchte, trugen Hoch und Niedrig Schwarz, so demonstrierend, auf welcher Seite ihre Sympathien standen.

Der große französische Romancier Stendhal hat sich als junger Mann von 1806 bis 1808 als Besatzungsoffizier in Braunschweig aufgehalten. Er hat in seinem Tagebuch wiederholt vermerkt, die Deutschen hätten kein Ehrgefühl, sonst würden sie sich das anmaßende Benehmen der Franzosen nicht gefallen lassen. Sie hatten jedoch Ehrgefühl. Stendhal hat nur nicht bemerkt, wie der Groll der Bevölkerung dauernd anwuchs. Schon im September 1808 und danach noch mehrfach ist es in der Stadt Braunschweig zu Aufläufen und Auseinandersetzungen gekommen, die einem Straßenkampf ähnelten und bei denen auch braunschweigische Zivilisten getötet wurden. Auch an anderen Äußerungen antifranzösischer Gesinnung fehlte es nicht. So wurde ein deutscher Offizier, der mehrere Franzosen im Duell verwundet hatte, im Triumph durch die Stadt getragen. Die französische Geheimpolizei führte Buch über verdächtige Personen. Sie registrierte in der Stadt Braunschweig z. B. 66 Personen mit frankreichfeindlicher Gesinnung. So notierte sie z. B. einen Tischlermeister Mack als „gefährlichen Menschen", hatte er doch seinen Sohn in einem schwarzen Taufkleid zur Taufe getragen und ihn auf den Namen Friedrich Wilhelm taufen lassen.

Ein perfides Manöver leistete sich die französische Geheimpolizei mit Bauern aus Oelper. Ein Agent erklärte ihnen, er komme im Auftrag des Herzogs, sie sollten Geld für Waffen sammeln und sich mit Gespannen nach Münden begeben. Mit 900 Talern machten sie sich prompt dorthin auf, wurden verhaftet, die meisten zu 15jähriger Kettenstrafe verurteilt, und zwei, der Bauer Oppermann und der Invalide Hagen, wurden erschossen.

So ist es kein Wunder, daß man überall im Lande von den Kanzeln vernehmen konnte, Napoleon sei ein „Fürst der Finsternis", eine „Ausgeburt der Hölle".

Gerade für dieses verhaßte Regime mußte die braunschweigische Bevölkerung die größten Opfer bringen. Von den etwa 2 500 Landeskindern, die Napoleon für den Rußlandfeldzug aufgeboten hat, sind über 70 % nicht nach Hause zurückgekehrt. Sie sind verhungert, erfroren, im Kampf gefallen, umgebracht, in Gefangenschaft gestorben, einige sind auch nach der Gefangennahme freiwillig in Rußland geblieben. In keinem der vielen Kriege des Napoleonischen Zeitalters haben die Deutschen (mit Ausnahme der Preußen und Österreicher) so viele Opfer zu beklagen gehabt wie 1812/13, als sie auf Befehl Napoleons nach Rußland marschiert sind.

Am eigentlichen Befreiungskrieg von 1813/14 mitzuwirken war Friedrich Wilhelm nicht möglich. Aber nachdem er am 22. Dezember 1813 wieder nach Braunschweig gekommen war, stellte er eine gewaltige Kriegsmacht auf, gemessen an der Größe des Landes. Nicht weniger als 8 330 Mann wurden im April 1814 in Marsch gesetzt, d. h. etwa 16 % der erwachsenen männlichen Bevölkerung sind eingezogen worden. Noch bevor der Herzog auf dem Kriegsschauplatz erschien, hatte Napoleon jedoch kapituliert. Umzukehren war aber die Sache des Herzogs nicht. Er blieb mit seiner Armee zunächst in Belgien stehen, und als Napoleon aus Elba zurückkehrte, erwies sich Friedrich Wilhelms Vermutung als richtig, daß der Krieg noch nicht zu Ende sei. Napoleon marschierte in Eilmärschen nach Belgien, wo sich eine englische und eine preußische Armee befanden. Die Braunschweiger unter Wellington hatten den ersten Kampf dieses Feldzugs auszufechten. Am 16. Juni 1815 kam es bei Quatre Bras zur Schlacht, in der Friedrich Wilhelm von einer verirrten Kugel tödlich getroffen wurde. Zwei Tage später fochten die Braunschweiger in vorderster Front unter Führung des Generalmajors Olfermann bei der Schlacht von Waterloo mit, in der Napoleon die entscheidende Niederlage erlitt.

In den neun Jahren zwischen 1806 und 1815 sind zwei braunschweigische Herzöge im Kampf gegen Napoleon gefallen. Es waren die letzten deutschen Fürsten, die in einem Krieg ihr Leben eingebüßt haben. Ihre Reiterstandbilder stehen heute auf dem Kennedyplatz, der Obelisk auf dem Löwenwall erinnert an ihren Tod.

Die Revolutionen von 1830 und 1848

Karl, der älteste Sohn des Schwarzen Herzogs, lebte in London. Beim Tode seines Vaters war er noch keine elf Jahre alt. Der englische Prinzregent, der spätere König Georg IV., übernahm für ihn die Regentschaft im Herzogtum. Karl wuchs auf, „jung, hübsch, mächtig und ganz unabhängig mir selbst überlassen", wie er später geäußert hat. Daß er unter diesen Umständen kaum Selbstdisziplin und Verantwortungsbewußtsein gelernt hat, ist verständlich. Er machte jedenfalls keinen günstigen Eindruck auf seine englische Verwandtschaft, die ihn, als er 19 Jahre alt geworden war, noch nicht für reif genug hielt, den braunschweigischen Thron zu besteigen. Anscheinend war es Metternich, der einen klugen Kompromiß fand: Karl sollte formal 1823 die Regierung antreten, faktisch aber erst 1826, und so lange auf Reisen gehen.

Nach seinem Regierungsantritt kam Karl schnell mit allen politischen Kräften in Konflikt. Den englischen König stieß er vor den Kopf, indem er die von diesem erlassene Verfassung nicht anerkennen wollte. Diese Verfassung war altväterlich genug und bedeutete eigentlich keine Einschränkung über das hinaus, was schon zu Zeiten Karl Wilhelm Ferdinands üblich gewesen war. Auch verdächtigte Karl alsbald den führenden Kopf der vormundschaftlichen Regierung, Wilhelm Schmidt-Phiseldeck, die braunschweigischen Interessen an Hannover–England verraten zu haben. Schmidt-Phiseldeck mußte praktisch aus dem Lande flüchten. Die Affäre war so unangenehm, daß selbst der Deutsche Bund zugunsten Schmidt-Phiseldecks einschritt, ohne daß sich Karl dazu durchringen mochte, den beleidigten Minister in aller Form zu rehabilitieren. Auch den einheimischen Adel kränkte Karl zutiefst. Immer wieder zog er irgendwelche Günstlinge den Angehörigen der alten braunschweigischen Adelsfamilien vor. Unverantwortliche „Berater" bekamen entscheidenden Einfluß, bis sie selbst wegen irgendeiner Laune des Herzogs seine Gunst verloren. Karl versuchte in einer seltsamen Mischung aus Verschwendungssucht und Geiz, die Staatsgüter zugunsten seiner Privatschatulle zu veräußern. Er umging die vorgeschriebene

Gerichtsbarkeit. Das Militär war konsterniert, weil er den Sold herabsetzte und vakante Stellen nicht wiederbesetzte. Das Bürgertum, das sich allmählich liberalen Gedanken näherte, erbitterte er durch die Sistierung der Verfassung; die einfachen Leute, die Arbeit und Brot brauchten, erregten sich über seine Verschwendung und seine Auslandsreisen. Die wildesten Gerüchte liefen über Karl um, sogar von Giftmord wurde gemunkelt.

1830 befand sich Karl in Paris und wurde dort Zeuge der Julirevolution. Nach Belgien geflüchtet, geriet er auch dort in den Strudel der Revolution. Sie sollte ihn auch in Braunschweig ereilen. Die allgemeine Unzufriedenheit, durch erhöhte Kornpreise noch verstärkt, war groß, und Karl ließ sich dazu verleiten, militärische Maßregeln zu ergreifen. U. a. ließ er Kanonen vor der Ägidienkaserne auffahren, eine Maßnahme, die keine beruhigende Wirkung auf die Bevölkerung ausüben konnte. Als er am 6. September 1830 mit seiner Geliebten von der Oper nach Hause fuhr, wurden schon die ersten Steine gegen seine Kutsche geworfen.

Am nächsten Abend versammelte sich eine immer größer werdende Volksmenge vor dem Schloß am Bohlweg (es war zuletzt für Jérôme renoviert worden). Die Bevölkerung randalierte, sie begann, die Initialen des Herzogs vom Gitter abzumontieren, zertrümmerte ein Tor vor dem rechten Schloßflügel und drang in den Schloßhof vor. Hier stand braunschweigische Infanterie unter dem Kommando des Generals von Herzberg. Sie hatte zwar den allgemeinen Auftrag, das Schloß zu schützen, aber ein Blutbad wollte Herzberg doch nicht unter den Bürgern anrichten, und das für den so verhaßten, wankelmütigen Jüngling. Außerdem blieb Herzberg im entscheidenden Moment ohne eindeutigen Befehl. Der Herzog zog es nämlich vor zu flüchten. Unter Kavalleriebedeckung verließ er durch einen Hinterausgang das Schloß und trat eine Reise nach England an. Das war längst geplant, behauptete er. Die Menge ergoß sich in die Residenz, legte Feuer, und während die Flammen langsam das Schloß von Norden nach Süden verzehrten, plünderte die Braunschweiger Bevölkerung die ganze Nacht hindurch, was immer greifbar war.

Der Herzog war vertrieben, die Revolution hatte zunächst gesiegt. Der Deutsche Bund, zu dessen Hauptaufgaben es gehörte, Revolutionen in Deutschland zu unterbinden, mußte nun von

einer Intervention abgehalten werden. Es ist dem staatsmänni-
schen Geschick der Braunschweiger gelungen, dies zu bewerkstelligen. Das Verdienst gebührt wohl in erster Linie dem späteren
Staatsminister von Schleinitz, dem Magistratsdirektor Bode und
dem Staatsminister von Veltheim. Sie ließen das alte Staatsministerium formal im Amt (erweiterten es nur durch Schleinitz und
Veltheim), betonten, daß Ruhe und Ordnung wieder hergestellt
seien, daß die Braunschweiger willens seien, unter Wilhelm, dem
Bruder Karls, der schleunigst angereist kam, weiterhin Ruhe und
Ordnung zu bewahren, daß aber alle Exzesse einer Revolution
ausbrechen würden, wenn Karl zurückkehre. Eingedenk der
Kränkungen, die Karl ihnen bisher schon zugefügt hatte, waren
die benachbarten Könige von Hannover und von Preußen unter
diesen Umständen nicht bereit, zugunsten Karls Truppen in
Marsch zu setzen. Metternich, der am ehesten eine Revolution mit
Waffengewalt niedergeschlagen hätte, war in Wien weit entfernt.

Karl verscherzte sich auch die Sympathien Metternichs, als er nun
seinerseits die Karte der Revolution auszuspielen versuchte. Er
verbreitete Aufrufe, die Braunschweiger sollten die Steuerzah-
lung einstellen, er versprach ihnen eine Volksvertretung mit dem
gleichen Wahlrecht, Geschworenengerichte, freie Wahl der Beamten, Pfarrer und Richter und ähnliches mehr. Zusätzlich ließ er
Kokarden in den revolutionären französischen Farben Blau Weiß
Rot verteilen. Das Braunschweiger Militär vereitelte seinen Versuch, von Ellrich im Harz aus wieder in das Herzogtum einzudringen, und Metternich hielt ihn nach diesem Liebäugeln mit der
Revolution nicht mehr für regierungsfähig.

Entsprechend entschied der Deutsche Bund. Offen blieb die
Frage, ob Kinder Karls aus einer eventuellen Heirat mit einer
ebenbürtigen Gemahlin erbberechtigt wären. Diese Frage hat
dazu beigetragen, eine Heirat seines Bruders Wilhelm zu verhindern, und das sollte noch bis 1913 Auswirkungen auf das Herzogtum haben.

Unter Herzog Wilhelm und dem Staatsminister Schleinitz wurde
alsbald daran gegangen, eine Verfassung zu schaffen. Die „Landschaftsordnung" von 1832 band den Fürsten nun in allen finan-
ziellen Fragen an die Zustimmung des Parlaments, und sie
verpflichtete ihn, alle Erlasse und Verfügungen von einem Regie-
rungsvertreter gegenzeichnen zu lassen, so daß er in seiner

Souveränität entscheidend eingeschränkt wurde. Eine Demokratie wurde durch die „Landschaftsordnung" jedoch nicht begründet, denn das Ministerium ging nicht aus der Landesvertretung hervor, sondern wurde vom Fürsten nach Gutdünken ernannt, und die Volksvertretung selbst wurde nach einem komplizierten, sehr ungleichen, weitgehend indirekten Wahlrecht gewählt, das die Unterschichten in Land und Stadt ausschloß. Diese Mitte zwischen Absolutismus und Demokratie, Konstitutionelle Monarchie genannt, war die Form, in der sich das staatliche Leben Deutschlands im 19. Jahrhundert vorwiegend abspielen sollte, und die braunschweigische Verfassung von 1832 war für ihre Zeit relativ modern.

Es ist bezeichnend für den liberalen Geist der Regierung Schleinitz, daß sie die einzige in Deutschland gewesen ist, die 1848 nicht beseitigt worden ist. In Braunschweig herrschte der Liberalismus schon, er mußte hier nicht erst durch eine Revolution an die Macht gebracht werden. Zwar gab es 1848 personellen Wechsel in einigen Ämtern, auch kleinere Revisionen an der Verfassung und den Gesetzen, aber im ganzen richtete sich der Enthusiasmus der Braunschweiger im Revolutionsjahr auf die Schaffung der Einheit Deutschlands. So trotzten sie dem widerstrebenden Herzog die Vereidigung der Truppen auf den provisorisch von der Deutschen Nationalversammlung eingesetzten Reichsverweser ab. Der braunschweigische Staat war jedoch zu schwach, um gegen Preußen und Hannover eine eigene Politik betreiben zu können. An dem kläglichen Ende der deutschen Einigungsbestrebungen konnte er nichts ändern.

Die Revolution von 1848 hatte neben der politischen auch eine soziale Seite. Alle Spannungen, die in der Gesellschaft bestanden hatten und die in ruhigen Zeiten nicht laut wurden, fanden 1848 ihren Ausdruck. Unzählige Petitionen wurden von der Bevölkerung an den Herzog, an das Staatsministerium und an die Landesvertretung geschickt. In ihnen zeigte sich, daß die stärksten Spannungen zwischen der bäuerlichen und der unterbäuerlichen Bevölkerung bestanden.

Vor allem forderten die Häuslinge Land. Die Vorstellung von der Unantastbarkeit des Eigentums war auch bei ihnen verwurzelt, so daß sie nicht auf den Gedanken kamen, die Enteignung von Bauernland zu fordern. Aber sie wollten wenigstens Land pachten, und zwar zu einem subventionierten Preis, und sie wünschten, daß die Regierung solche Landverpachtungen anordnen möge. In manchen Dörfern gingen sie schon dazu über, das Land unter sich aufzuteilen, und schickten die entsprechenden Vorschläge an die Obrigkeit. Was ihnen vorschwebte, war eine Art Bodenreform, bei der die Eigentümer das formale Eigentum über den Grund und Boden behielten, die Verfügungsgewalt aber verloren.

Daß das die landbesitzende Bevölkerung aufs äußerste alarmieren mußte, war klar. Wie ein Mann stand deshalb die braunschweigische Bauernschaft hinter Fürst und Regierung. An vielen Orten richteten die Bauern Bürgerwehren ein, um möglichen revolutionären Unruhen sofort entgegentreten zu können. In immer erneuten Petitionen versicherten sie der Obrigkeit ihre Treue. Manchmal baten sie sogar, Herzog Wilhelm möge sie doch gegen die Revolution zum Kampf aufrufen. Aber auch die ländliche Unterschicht vertraute dem Herzog. Nur von ihm erhoffte sie eine Besserung ihrer Lage. Die braunschweigische Regierung war an sich gewillt, den Forderungen der Häuslinge entgegenzukommen, sah aber kein Mittel, in die bestehenden Rechtsverhältnisse einzugreifen. Erst der Wandel des ländlichen Arbeitsmarktes begann in den folgenden Jahrzehnten die Lage der Häuslinge zu verbessern.

Die Agrarreformen

Zwei Bindungen waren es, die in alter Zeit die Bauern gefesselt hatten. Zum einen waren es die Bindungen an die Grundherren. Sie waren im Braunschweigischen nicht übermäßig drückend, weil die Herzöge ihre schützende Hand über die Bauern gehalten hatten. Seit 1433 waren in mehrfach erneuerten Landtagsabschieden die Belastungen fixiert worden. Güter haben sich deshalb in Braunschweig (anders als in Preußen und Mecklenburg) nicht besonders zahlreich bilden können.

Zum anderen bestanden fesselnde Bindungen der Bauern aneinander, an die anderen bäuerlichen Mitglieder der Gemeinde.

Die Bindungen an die Grundherren bestanden darin, Abgaben und Dienste leisten zu müssen. Die Abgaben mußten teils in Naturalien, teils in Geld geliefert werden. Die Dienste waren zum Teil auch in Geldleistungen umgewandelt worden, teilweise wurden sie noch real geleistet. Die Belastungen schwankten von Hof zu Hof, manchmal von Acker zu Acker. Die Bezeichnungen für die einzelnen Verpflichtungen waren äußerst mannigfaltig, und die Berechtigungen waren im Laufe der Zeiten an ganz unterschiedliche Personen und Institutionen gelangt. Der Zehnte z. B., ursprünglich ein Recht der Kirche, wurde in Braunschweig weitgehend vom Staat eingezogen, nur ausnahmsweise von der Kirche, aber auch Dritte hatten gelegentlich Zehntberechtigungen. Nicht ganz selten kam es auch vor, daß Grundherren eine Verpflichtung gegenüber Bauern hatten.

Die Bindungen der Bauern aneinander bestanden vor allem darin, daß sie ein gemeinsames Eigentum besaßen. Es wurde in Braunschweig Gemeinheit genannt und bestand hauptsächlich im Besitz gemeinsamer Weiden. Auch gemeinsamer Waldbesitz konnte bestehen oder gemeinsame Rechte, z. B. das Recht, mit einer Schafherde bestimmte Flurstücke abweiden zu dürfen. Das bedingte wieder Flurzwang: nicht jeder durfte auf seinem Acker pflanzen was er wollte, sondern er mußte sich einem gemeinsamen Beschluß beugen. Oft war Flurzwang auch wegen mangelnder Wege geboten. Wenn ein Acker nur über Nachbaräcker zugänglich war, mußte man sich bei Bestellung und Ernte nach den Nachbarn richten.

Der Zustand der Gemeinheit war generell schlecht. Niemand hatte ein Interesse daran, das Gemeinsame zu pflegen, jeder wollte es bis zum äußersten ausnutzen. So waren die Gemeindeweiden bedeckt mit kahlen Stellen, von Dornbüschen und Disteln bestanden und hoffnungslos überweidet. Sie zu privatisieren war das Ziel aller einsichtsvollen Beobachter. „Die Ursache aller Wüstenei, die wie ein Fluch des Himmels auf diesem Erdboden zu ruhen scheint", hat schon Thaer ausgerufen, „ist nichts und durchaus nichts als die barbarische Gemeinheit des Bodens. Ihr, die ihr Macht habt zu ordnen das finstere Chaos wüster Gemeinheiten, schafft Ordnung und Licht, daß jeder sein Tagwerk finden und in gewisser Hoffnung arbeiten kann."

Die beiden Gesetze, die die ländliche Eigentumsordnung im Herzogtum Braunschweig liberalisierten, datierten beide vom Dezember 1834. Es war die Ablösungs-Ordnung und die Gemeinheits-Teilungs-Ordnung.

Die Ablösungsordnung schrieb vor, daß beide Seiten die Ablösung der Verpflichtungen beantragen könnten. Die Ablösung sollte in Geld erfolgen (nicht in Land), und zwar zum 25fachen des Jahresbetrages. Dies war insofern ein gerechter Satz, als das Geld, wenn die Berechtigten es zu dem damals allgemein üblichen Zinssatz von 4 % anlegten, genau so viel erhielten wie vorher. Die Verpflichteten zahlten ebenfalls so viel wie vorher, wenn sie es sich zu 4 % liehen. (Das Herzogliche Leihhaus wurde verpflichtet, den Verpflichteten das Geld zu diesem Prozentsatz vorzuschießen.) Die Dienste wurden nur zum 18fachen abgelöst, denn man war sich einig, daß sie nur schlecht und unwillig geleistet worden waren und daß die Berechtigten oft auch keine nutzbringende Verwendung für die Dienste gehabt hatten. Es kam den Bauern aber etwas zugute, was die Gesetzgeber weder beabsichtigt noch vorausgesehen hatten. In den folgenden Jahrzehnten stiegen die Getreidepreise. Waren die Ablösungssummen festgesetzt, fiel es den Bauern leicht, ihre Schulden beim Leihhaus zurückzuzahlen.

Die Gemeinheits-Teilung oder Separation erfolgte in zwei Schritten. Zunächst wurden alle Ansprüche Gemeindefremder (z. B. Weideberechtigungen) geklärt und abgegolten. Dann wurde festgestellt, welchen Anteil die einzelnen Bauern an der Gemeindeweide hatten. Maßstab war das Vieh, das sie auf die Gemeindeweide hatten treiben dürfen. War das strittig, wurde ermittelt,

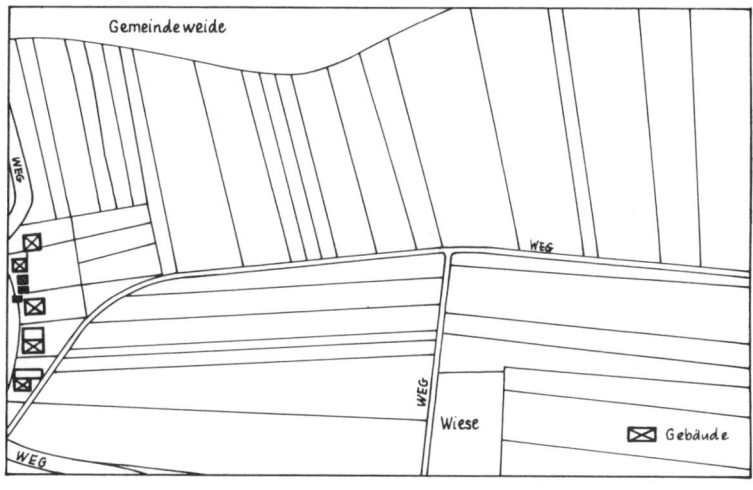

Ausschnitt aus der Feldmark von Lamme vor (oben)
und nach der Separation von 1855

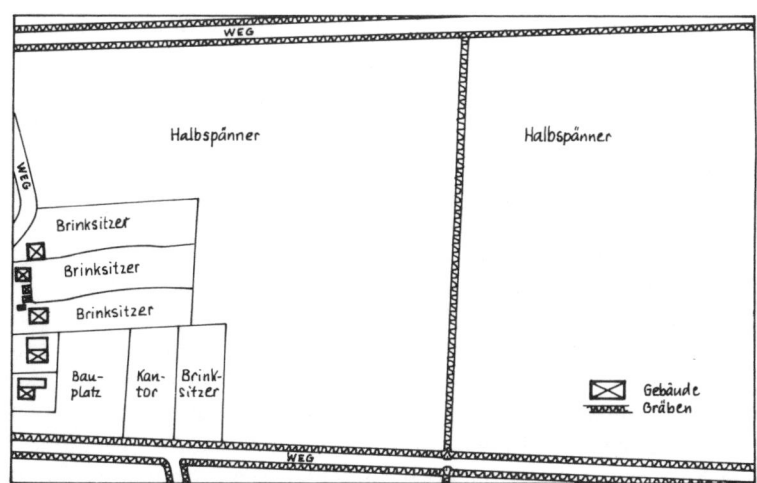

wieviel Vieh im Winter durchgefüttert werden konnte. In diesem Maße wurden die Gemeindeweiden unter die Berechtigten aufgeteilt. Bevor das real geschah, wurde der Landbesitz aller genauestens erfaßt (die Landesvermessung von 1746 erwies sich jetzt als segensreich) und dazu auch die Bodenqualität. Danach wurde die gesamte Fläche neu verteilt, und zwar in großen, zusammenhängenden Schlägen, alle durch neu angelegte Wege separat zugänglich, wobei gleichzeitig für Entwässerungsgräben gesorgt wurde.

Die beigefügte Karte von einem Teil der Feldmark von Lamme (westlich der Stadt Braunschweig) gibt einen Eindruck von den Maßnahmen. Man sieht am linken Bildrand die Häuser von Brinksitzern, zu denen einiges Gartenland gehört. Auffallend sind vor der Separation die vielen kleinen Felder. Am Nordrand ist ein Stück der Gemeindeweide zu erkennen. Einige Wege schlängeln sich durch die Feldmark. Nach der Separation ist das ganze Land mit Ausnahme einiger Gärten einem einzigen Halbspänner zugeteilt worden. Die Gemeindeweide ist verschwunden, alte Wege sind beseitigt und neue, breitere angelegt. Sie werden jetzt von schnurgeraden Gräben begleitet.

Daß die Separation Zeit brauchte, war klar. Während die Ablösung Anfang der 1840er Jahre weitgehend durchgeführt war, setzte die Separation erst in der zweiten Hälfte der 40er Jahre ein und währte bis in die 60er Jahre. Hauptsächlich Personalmangel, nicht Widerstand der Bauern verhinderte eine größere Beschleunigung, denn die Vorteile der Separation waren unübersehbar.

Der Privatbesitz an Grund und Boden stieg bis 1880 um 33 %. Aus dem ungepflegten Gemeindeland wurden sorgfältig bestellte Äcker, die ein Vielfaches an Ertrag erbrachten. Die Zusammenlegung verringerte die Zahl der Ackerstücke um 32 %. Alleine diese Zusammenlegung erhöhte den Wert des Landes um 50 bis 100 %. Die allgemeine Zugänglichkeit der Äcker beseitigte den Flurzwang. Die breiten und trockenen Wege erleichterten die Transporte und erlaubten, die Zahl der Pferde ohne Einbußen an Zugkraft zu reduzieren. Die Gräben ermöglichten zum ersten Mal eine wirksame Bekämpfung der Nässe durch Dränage. 1853 gab es schon 31 Fabriken im Herzogtum, die Tonröhren für die Dränage herstellten. Die Erträge auf den dränierten Flächen steigerten sich um 8 bis 20 %.

Deshalb gab es bald nur noch einhellige Begeisterung bei allen

Beteiligten. Das Gesetzgebungswerk übertraf alle Erwartungen. Mit Stolz konnten die Braunschweiger das Urteil eines preußischen Sozialwissenschaftlers vernehmen, daß „das in so vielen Stücken musterhafte Braunschweiger Land" auch in dieser Beziehung „ein befriedigendes Vorbild" aufgestellt habe.

Die Entwicklung der Landwirtschaft

In der Vergangenheit, so hat man in der Mitte des 19. Jahrhunderts in Braunschweig erklärt, waren die hiesigen bäuerlichen Verhältnisse „weder so drückend noch so unbehäbig, daß sie nicht den soliden Wohlstand zugelassen hätten, dessen sich nicht selten im Hofe die Altmutter rühmt und die ausziehende Tochter erfreut." In den folgenden Jahrzehnten verbesserten sich die Lage und Leistungsfähigkeit der einheimischen Landwirtschaft weiterhin. Das war zum Teil der Agrargesetzgebung und ihren Folgen zu verdanken, zu einem andern der allgemeinen Entwicklung der Landwirtschaftstechnik, zum dritten der Rübenkultur.

Der Anbau der Zuckerrübe setzte etwa gegen 1840 ein und weitete sich in den folgenden Jahren immer mehr aus. Die Anbaumengen verdoppelten sich alle fünf bis sechs Jahre und erreichten in der Kampagne 1883/84 705 000 t (im gesamten Herzogtum). Der Hektarertrag betrug im Herzogtum in den Jahren 1878 bis 1883 durchschnittlich 330 dz. Die Rübenerzeugung erfolgte vor allem in den fruchtbaren Gebieten südlich des Elm, sie umfaßte z. B. in den Ämtern Schöningen und Schöppenstedt etwa ein Viertel der Fläche, während er in den Gebirgsgegenden und auf den sandigen Gebieten des Nordens zunächst kaum von Bedeutung war.

Die sprunghafte Produktionsausweitung war ein Beweis dafür, daß sich der Rübenanbau außerordentlich lohnte. Er bedingte aber auch eine ganz neue Sorgfalt und Planung. Der Boden mußte zunächst 30 bis 40 cm tief umgepflügt werden, wozu ein neuartiger Pflug benutzt wurde, gewöhnlich der vierspännige Wanzlebener Pflug. Im folgenden Frühjahr folgte eine weitere Bodenbearbeitung und oft die Düngung mit Handelsdünger (Ammoniak-Superphosphat, Chile-Salpeter, Guano), auch dies war etwas Neues. Danach wurde der Samen mit Drillmaschinen ausgebracht. Drillmaschinen waren ebenfalls neu. Sie erleichterten die anschließende Pflege der Rüben, zu der das Verziehen der Pflänzchen und ein vier- bis fünfmaliges Hacken zur Unkrautbekämpfung gehörte. Dies alles erforderte eine aufwendige Organisation. Vor allem der

Hektarerträge (Ø 1878–1883)

Man beachte den anderen Maßstab bei Kartoffeln

Roggen (dt)

Provinz Hannover	9,6
Provinz Sachsen	11,0
Hzgt. Anhalt	12,7
Hzgt. Braunschweig	17,5
Deutsches Reich	9,9

Weizen (dt)

Provinz Hannover	13,7
Provinz Sachsen	15,3
Hzgt. Anhalt	21,7
Hzgt. Braunschweig	22,1
Deutsches Reich	12,9

Kartoffeln (dt)

Provinz Hannover	76,8
Provinz Sachsen	89,0
Hzgt. Anhalt	115,9
Hzgt. Braunschweig	120,5
Deutsches Reich	78,0

Einsatz der Arbeitskräfte verlangte eine ungewöhnliche Planung. Für einen Hektar Zuckerrüben rechnete man mit 16 bis 20 zusätzlichen Arbeitskräften. Diese Arbeitskräfte waren nicht mehr an Ort und Stelle verfügbar, sondern wurden aus dem Eichsfeld und dem Harz, seit den 1870er Jahren zunehmend auch aus polnisch-sprachigen Gebieten jeweils für eine Saison angeworben. Selbstverständlich mußten Unterkünfte und Ernährungsmöglichkeiten für sie bereitgestellt werden.

Dies alles, nämlich eine relativ umfangreiche Maschinenverwendung, eine bessere Bodenbearbeitung, die Verwendung von Kunstdünger und der fortwährende Einsatz großer, auswärtiger Arbeiterscharen stellten an die Landwirte neue Ansprüche. Die neu gewonnene Sorgfalt kam auch den anderen landwirtschaftlichen Sparten zugute. Man hat deshalb davon gesprochen, die Rüben hätten eine Kulturmission erfüllt.

Die Landwirte wurden auch industrielle Unternehmer, denn sie gründeten die Zuckerfabriken. Gewöhnlich organisierten sie Aktiengesellschaften, wobei die Aktionäre verpflichtet wurden, jährlich eine bestimmte Quantität Rüben zu liefern. Die Fabrik zahlte den Aktionären entweder einen besonders hohen Preis oder erzielte einen besonders hohen Gewinn, der dann rückverteilt wurde.

Auch in bezug auf die anderen Feldfrüchte errang Braunschweig eine Spitzenstellung. Am Anfang des 19. Jahrhunderts hatte das Herzogtum in den Hektarerträgen deutlich hinter den intensiveren Kulturen der Realteilungsgebiete in West- und Südwestdeutschland zurückgelegen. In der zweiten Jahrhunderthälfte lag es vor allen Flächenstaaten und Provinzen, nur gelegentlich vom Herzogtum Anhalt übertroffen. Den Vergleich mit den benachbarten preußischen Provinzen Hannover und Sachsen sowie dem Herzogtum Anhalt zeigt die Graphik. Braunschweig war, anders als das Deutsche Reich, ein landwirtschaftliches Überschußgebiet und erzeugte etwa das Doppelte dessen, was es verbrauchte.

Die Rübenkultur sowie eine vermehrte Stallhaltung des Rindviehs führten zu einem wachsenden Bedarf an Arbeitskräften. Die Löhne stiegen kräftig. Schon Anfang der 60er Jahre wurde von den ländlichen Arbeitgebern (wahrscheinlich übertreibend) geklagt, die Tagelöhner verdienten an zwei Tagen so viel, daß sie davon in der ganzen Woche leben könnten, und die Frauen arbeiteten überhaupt nicht mehr. Die Häuslinge, die in der 1. Hälfte des 19. Jahrhunderts sich in einer sehr elenden Lage befunden hatten, errangen in der 2. Hälfte in Braunschweig eine relativ gesicherte Position. Nicht wenige konnten sich sogar ein eigenes Haus bauen und mit eigenem oder zugepachtetem Land einen kleinen selbständigen landwirtschaftlichen Betrieb aufbauen. Für andere diente die eigene Landwirtschaft als Nebenerwerb. Im Hauptberuf waren viele in einem der ländlichen Industriebetriebe tätig, die allmählich entstanden. Neben den Zuckerfabriken gab es gegen Jahrhundertende im braunschweigischen Land Konservenfabriken, Fleisch- und Wurstwarenfabriken, Brauereien, Molkereien, Ziegeleien, Großmühlen u.a.m. Die Landarbeiterfrage, unter der man zu Beginn des 19. Jahrhunderts den Überschuß an elenden, unbeschäftigten Landarbeitern verstanden hatte, verkehrte sich in ihr Gegenteil. Seit den 1860er Jahren verstand man darunter den Landarbeitermangel.

Obgleich zahlreiche Landabkömmlinge in die Städte abwanderten, ging die ländliche Bevölkerung absolut nicht zurück. Die prosperierende Landwirtschaft und das in ihrem Gefolge aufblühende Gewerbe beschäftigten die Landbevölkerung intensiv. Die Beschaulichkeit der Vergangenheit verlor sich ebenso, wie die Heiterkeit der Landschaft nach der Separation der Nüchternheit rationeller Rübenschläge gewichen war.

Die Industrialisierung

Die Ausweitung und Intensivierung der landwirtschaftlichen Produktion ist „Landwirtschaftliche Revolution" genannt worden, dies in Parallele zur „Industriellen Revolution", die ihr vorausging, sie begleitete und ihr folgte.

Eine erste und wichtige Voraussetzung für die spätere gewerbliche Entwicklung wurde 1838 geschaffen, als die Eisenbahnverbindung zwischen Braunschweig und Wolfenbüttel eingeweiht wurde, übrigens eine Staatsbahn, die erste in Deutschland. Der Finanzdirektor v. Amsberg hatte mit immer neuen Argumenten den Bau einer Eisenbahn befürwortet, weil er von ihr einen gewaltigen Anstoß zur Entwicklung der Wirtschaft erwartete. Die Linie nach Wolfenbüttel und ihre Verlängerung nach Harzburg hatten zur Folge, daß die Verbindung Hannover–Berlin das Herzogtum nicht südlich umgehen konnte. So lief denn die große West-Ost-Achse Köln–Berlin durch Braunschweig. Seit 1848 war sie fertiggestellt. Den Nord-Süd-Verkehr durch das Herzogtum zu führen scheiterte an der Ungunst der geographischen Lage und am Widerstand der Nachbarstaaten. Preußische Animositäten führten 1872 sogar zum Bau einer Nordumgehung um das Herzogtum, der Linie Hannover–Stendal–Berlin. Der braunschweigische Staat tat jedoch sein Möglichstes, das Land verkehrstechnisch zu erschließen, so daß das Herzogtum durch viele kleinere Bahnen bald das dichteste Eisenbahn-Verkehrsnetz von allen Flächenstaaten Deutschlands hatte.

Eine Auswirkung auf die industrielle Entwicklung hatte das lange nicht, obgleich die Eisenbahn-Werkstätte ein bedeutender Industriebetrieb war. Sie wurde jahrzehntelang geleitet von dem einstmals ersten Lokomotivführer der braunschweigischen Bahn, dem englischen „engineer" John Stanley Blenkinsop. In Deutschland hatte man 1838 keinen Fachmann auftreiben können.

Sieht man sich die gewerblichen Unternehmen von 1855 in der Stadt Braunschweig an, dann fällt der Blick zunächst auf die Eisenbahn-Werkstätte mit etwas über 200 Mann Belegschaft. Außerdem gab es eine Reihe von Zuckerfabriken, Zichorienfabriken (für die Herstellung von Ersatzkaffee) und Tabakfabriken (in denen Zigarren hergestellt wurden). 28 Dampfmaschinen konnte man zählen. Die einkommensstärksten Männer der Stadt waren nicht in der Produktion tätig, sondern verdienten ihr Geld im Handel und im Bankwesen. Dieser Zustand bezeichnet den Vorabend der Industrialisierung.

Zwei Jahrzehnte später hatte sich die Industrie voll entfaltet. Jetzt existierten neben der Eisenbahn-Werkstätte (mit 731 Beschäftigten 1873) weitere bedeutende Werke der Metallindustrie: die Deickesche Fabrik für Eisenbahnwagen (474 Arbeiter), die Braunschweiger Walzwerke (390), die Braunschweiger Maschinenbau-Anstalt (329), die Nähmaschinenfabrik Grimme und Natalis (320), die Röhrigschen Walzwerke (272) und die Maschinenfabrik Wilke (115). Daneben gab es bedeutende Werke der Nahrungsmittelproduktion: zwei Zuckerfabriken, zwei Zuckerraffinerien und eine Zuckersiederei (zusammen 763). 1012 Personen waren in 19 Tabakfabriken beschäftigt. Die ersten vier Konservenfabriken waren entstanden, unter ihnen Grahe mit 116 Beschäftigten. Die AG für Jute- und Flachsindustrie spielte mit 252 Beschäftigten schon eine bedeutende Rolle.

Zwei branchenmäßige Schwerpunkte der Industrialisierung in der Landeshauptstadt sind zu erkennen. Zum einen war das die Metallindustrie, die von der Eisenbahn angeregt wurde. Neben der Eisenbahn-Werkstätte selbst ist nicht zu übersehen, daß es eine Stahlindustrie gab (die wenig später hauptsächlich wegen der preußischen Eisenbahn-Tarif-Politik zugrunde ging). Auch die Maschinenfabrik sowie selbstverständlich die Waggonfabrik arbeiteten für die Bahn. In diesem Zusammenhang wäre auch die Eisenbahn-Signalbau-Anstalt zu erwähnen, die Heinrich Büssing um 1870 gründete und Max Jüdel 1873 mit Kapital ausstattete (1874 43 Beschäftigte, 1892 375).

Der andere industrielle Schwerpunkt lag auf dem Sektor der Nahrungsmittelindustrie und ihrer Zulieferer. Die Zuckerfabriken und Konservenfabriken verarbeiteten unmittelbar Feldfrüchte der Umgebung (die Konservenfabriken vorzugsweise Spargel, der auf den Sandflächen im Norden der Stadt vorzüglich gedieh). Viele Maschinenfabriken bauten Ausrüstungen für diese Nahrungsmittel verarbeitenden Werke, so die Braunschweiger Maschinenbau-Anstalt Ausrüstungen für Zuckerfabriken, die Firma Unger Blechdosen, die Lutherwerke (ursprünglich in Wolfenbüttel ansässig) Ausrüstungen für Mühlen. Die Jute-AG produzierte hauptsächlich Säcke für den ländlichen Raum.

Nur wenige Werke standen außerhalb dieser beiden großen Sektoren. Zu nennen sind einmal die Firma Grimme und Natalis, die nach ihrer Gründung 1864 zunächst Nähmaschinen herstellte und ab 1893 die Produktion von Rechenmaschinen aufnahm (1874 320 Beschäftigte, 1892 493), sowie die Fabriken des Klavierbaus, unter denen das Haus Grotrian, seit 1859 in Braunschweig, den ersten Platz einnahm. Seit 1849 befand sich die Firma Voigtländer in der Stadt, mit ihren optischen Geräten erlangte sie aber erst im 20. Jahrhundert Weltgeltung.

Fast alle diese Gründungen erfolgten in Braunschweig (Ausnahmen Luther in Wolfenbüttel und die Jute-AG in Vechelde). Im umliegenden Land entstanden nur kleinere Unternehmungen. Selbst der Helmstedter Braunkohlen-Bergbau entwickelte sich nur langsam, denn er wurde im Tiefbau betrieben, litt wenigstens bis 1878 an mangelndem Bahnanschluß, nahm aber allmählich durch die Brikettierung, dann durch die Erzeugung von Strom einen anhaltenden Aufstieg.

Die Gründungen erfolgten normalerweise nach einem ähnlichen Schema. Ein Handwerksmeister hatte eine Marktlücke gefunden, oft als Zulieferer, konnte seinen Aufträgen in einer kleinen Werkstatt mit wenigen Gesellen nicht mehr nachkommen und nahm zur Erweiterung der Produktion einen potenten Geldgeber aus Handels- oder Bankkreisen auf (wie z. B. Max Jüdel die Signalbau-Anstalt finanzierte). Fand sich ein fähiger Ingenieur, der die Technik weiterentwickelte, konnten solche Firmen schnell zur Weltgeltung aufsteigen. Gerade in Braunschweig fehlte es nicht an solchen Erfindern. Schöttler in der BMA führte z. B. das Diffusionsverfahren der Zuckergewinnung zur großtechnischen Reife, Trinks entwickelte die Rechenmaschinen weiter, Hugo Luther konstruierte neuartige Elevatoren, Silos, Verladeeinrichtungen u. ä. Einer der erfolgreichsten Erfinder war Büssing, nicht nur auf dem Gebiet der Signalanlagen, sondern (ab 1903) auf dem Gebiet des Automobilbaus.

Die Arbeiter der ersten Generation befanden sich in durchaus unterschiedlicher Lage. Im allgemeinen reichte ihr Lohn, sich und ihre Familie zu erhalten, vor allem, wenn sie eine Lehre durchgemacht hatten und eine Fachkraft waren. Solche Fachleute wurden übrigens immer zahlreicher gebraucht. Die Industrialisierung führte im ganzen zu einer Höherqualifizierung der Bevölkerung. Trotzdem war die finanzielle Lage der Familie beengt. In der Jugend, solange sie unverheiratet waren, hatten die Arbeiter ein relativ reichliches Auskommen, während sie im Alter, wenn sie nicht mehr leistungsfähig waren (es gab keine Altersrente), oft in bittere Armut fielen. Immerhin, es ging aufwärts, wenn auch sehr langsam. Die Frauen arbeiteten, solange sie nicht verheiratet waren. Danach widmeten sie sich dem Haushalt, der so arbeitsaufwendig war, daß er die Berufstätigkeit der Frau nicht zuließ.

In der Fabrik ging es sehr unterschiedlich zu. In vielen Bereichen wurde wie in vorindustrieller Zeit getragen, gehoben, gestapelt, zugereicht. Oft geschah das in einem festen Rhythmus, wie in den Zuckerfabriken, vom Diktat des chemischen Prozesses bestimmt. In anderen Bereichen der Zuckerfabrik wurde der Prozeß ohne körperliche Anstrengung gesteuert und kontrolliert. In den Maschinenbaubetrieben wurde viel beraten, organisiert, montiert, probiert. Jede Aufgabe war hier anders, mußte anders gelöst werden, und fast immer geschah das mit anderen Kollegen zusammen. In den Tabakfabriken wieder war die Arbeit absolut gleichförmig und verlangte ständig dieselben Hand- und Fingerbewegungen. Weil sie so gleichförmig war, wurde sie reine Akkordarbeit. Das bedeutete, daß die Arbeiter völlige Freiheit hatten, sich die Arbeit einzuteilen oder zu pausieren, wurden sie doch nur nach der Zahl der angefertigten Zigarren bezahlt.

Die Stadt Braunschweig wuchs seit der Industrialisierung über ihren mittelalterlichen Raum hinaus. Die Industriebetriebe selbst fanden in der mittelalterlichen Stadt keinen Platz mehr. Sie siedelten sich vorzugsweise in der Nähe der Eisenbahn an, d. h. im Südwesten des alten Stadtkerns. Hier entstand das erste Industriegebiet. Aber auch die Wohnbevölkerung fand hinter den Stadtmauern keinen Platz mehr, obgleich sich auch hier die Bebauung ständig verdichtete. Neue Straßen entstanden, lange ohne feste Planung. Die Stadt Braunschweig, die am Beginn des 19. Jahrhunderts 30 000 Einwohner gehabt hatte, umfaßte am Jahrhundertende 128 000 Bewohner. Schneller wuchsen übrigens die beiden Nachbarstädte Magdeburg und Hannover. Von etwa gleicher Ausgangslage ausgehend, umfaßten sie gegen Jahrhundertende 229 bzw. 235 000 Einwohner. Als Verwaltungszentren größerer

Gebiete und besser angebunden an den Nord-Süd-Verkehr liefen sie Braunschweig den Rang ab.

Die Zuwanderer nach Braunschweig kamen übrigens zum größten Teil aus relativ geringer Entfernung. Sie kamen eher aus südlichen als nördlichen Gebieten. Besonders viele stammten aus dem Harz oder dem Eichsfeld. Die Männer kamen entweder als Vierzehnjährige nach der Konfirmation in die Stadt, um hier eine Lehre aufzunehmen, oder sie blieben nach der Militärzeit in der Garnisonsstadt Braunschweig. Die Frauen blieben meistens bis zum Alter von 18, 20 Jahren auf dem Lande und gingen dann in die Stadt, um als städtische Dienstmädchen „in Stellung" zu gehen. Bei Ausflügen in die Umgebung, bei Tanzvergnügen in den Ausflugslokalen konnten sich die jungen Leute leicht kennenlernen, um – vielleicht – einen Bund fürs Leben zu begründen. Die städtische Bevölkerung hat jedenfalls nicht das Wachstum der Stadt bewirkt, sondern die zuwandernden Landabkömmlinge haben das Gros der heutigen städtischen Bevölkerung gebildet.

Die welfischen Länder im Deutschen Reich

Das eigentliche soziale Leben, das die moderne Zeit vorbereitet hat und bis in unser Alltagsleben bestimmend wirkt, haben die Millionen einfacher Menschen gestaltet, indem sie in die Stadt gegangen sind, indem sie eine Fabrikarbeit angenommen haben oder auf dem Lande anfingen, mit einem neuen Pflug eine tiefere Furche zu pflügen. Daneben blieb die Politik nicht bedeutungslos.

1866 begann Bismarck, damals preußischer Ministerpräsident, den Kampf um die Vorherrschaft in Deutschland. Bis dahin hatte es, seit der Niederwerfung der napoleonischen Herrschaft, den Deutschen Bund gegeben, in dem trotz formaler Souveränität der Einzelstaaten, Österreich die führende Rolle gespielt hatte. Reibungen und Meinungsverschiedenheiten zwischen Österreich und Preußen, die Bismarck künstlich verschärfte, führten 1866 zum Kriegsausbruch. Die anderen deutschen Staaten mußten sich entscheiden, auf welcher Seite sie in den Krieg eintreten wollten. Neutralität kam nicht in Frage, denn Österreich hatte noch in letzter Minute das preußische Vorgehen durch den Deutschen Bund verurteilen lassen, so daß die Einzelstaaten verpflichtet waren, gegen Preußen Partei zu ergreifen. Auch rein rechtlich hatte Österreich die besseren Argumente, und man mochte befürchten, daß Preußen nach einem Sieg die Souveränität der Einzelstaaten einschränken oder beseitigen würde. Militärisch hielt man im allgemeinen die Österreicher für stärker.

Die Sympathien der braunschweigischen Regierung gehörten eindeutig den Österreichern. Man traute sich aber nicht, gegen den großen Nachbarn im Osten Front zu machen und trat deshalb auf preußische Seite, setzte die Truppen aber so langsam in Marsch, daß sie für jede Entscheidung zu spät kamen. Das Königreich Hannover entschied sich anders. Wie die anderen deutschen Mittelstaaten verbündete es sich mit Österreich. Die Hannoveraner Armee wurde jedoch bei ihrem Marsch in den Süden von den Preußen gestellt und in Thüringen zur Kapitulation gezwungen.

Nach dem preußischen Sieg verlor Hannover seine Selbständigkeit und wurde preußische Provinz. Das war mit dem Völkerrecht kaum zu vereinbaren. Der Verlierer mochte einen Teil seines Landes hergeben müssen, das hatte es immer gegeben, aber daß ein Staat völlig zu existieren aufhörte, war nur in den Zeiten Napoleons üblich gewesen. Gegen die Annexion bildete sich deshalb in den welfischen Landen eine politische Bewegung, die Welfenpartei, die unter Hinweis auf den Rechtsbruch die Wiederherstellung des Königreichs Hannover forderte.

Diese Partei wurde auch in Braunschweig tätig. Denn der braunschweigische Kleinstaat, der 1871 begeistert ein Teil des neuen Deutschen Reiches wurde, war nicht unbedroht. Herzog Wilhelm, 1830 durch Revolution auf den Thron gelangt, verheiratete sich nämlich nicht, u. a., weil bekanntermaßen das Erbrecht von eventuellen Kindern Karls ungeklärt war. Die Braunschweiger forderten zwar bei allen Gelegenheiten stürmisch eine „Landesmutter", aber 1884 starb Herzog Wilhelm unvermählt und ohne legitime Kinder. Erbberechtigt war zweifellos ein herrschaftsberechtigtes Mitglied des welfischen Gesamthauses, aber das war in dieser Zeit nur Ernst August, der Sohn des letzten abgesetzten Hannoverschen Königs. Ernst August befand sich in Österreich im Exil und war in Bismarcks Augen ein „Reichsfeind". Ihn wieder zum Reichsfürsten zu machen kam für Bismarck nicht in Frage. Daß Braunschweig preußische Provinz wurde, war durchaus möglich.

Es wurde ein Kompromiß gefunden. Braunschweig blieb selbständig, aber nicht der erbberechtigte Fürst bestieg den Thron, sondern ein Regent aus der Hohenzollernfamilie, Prinz Albrecht von Preußen. Die preußische Politik lag in der ganzen Zeit auf scharf antiwelfischem Kurs. Er schlug sich z. B. in den Eisenbahn-Tarifen nieder, die die Braunschweiger zwangen, ihre Stahlerzeugnisse erst nach Peine zu bringen, ehe sie dann wieder durch Braunschweig Richtung Sachsen und Berlin befördert werden konnten. Auch Ruhrgebiets-Kohle konnte man in Braunschweig nur beziehen, wenn man ab Peine die teuren Lokaltarife bezahlte. Diese Preisgestaltung brachte Mitte der 70er Jahre die braunschweigische Stahlerzeugung zum Erliegen. Preußen behandelte Braunschweig ein bißchen wie Feindesland, ab 1884 wie besetztes Feindesland.

Nach dem Tode des Prinzen Albrecht (1906) wählte die braunschweigische Landesversammlung einen neuen Regenten, Herzog Johann Albrecht von Mecklenburg. Der hatte Erfahrung mit Regentschaften, denn er hatte schon eine in seinem Heimatland Mecklenburg–Schwerin wahrgenommen. Weil er den antiwelfischen Kurs lockerte, mochten seine Wähler mit ihm zufrieden sein. 1913 wurde er jedoch überraschend verabschiedet. Der erbberechtigte Welfe, Ernst August von Hannover, der Enkel des letzten Königs von Hannover, durfte den braunschweigischen Thron besteigen.

Vorausgegangen war eine Liebesgeschichte. Ernst August und Victoria Luise, die Tochter des Kaisers, hatten sich kennengelernt und wollten heiraten. Für seine Tochter machte der Kaiser nun gerne den braunschweigischen Thron frei. Der Eid auf das Reichsoberhaupt, den Ernst August als deutscher Kavallerieoffizier abgelegt hatte, war dem Kaiser nun Gewähr genug für die Reichstreue des welfischen Fürsten. Am 3. November 1913 zog das frisch vermählte Fürstenpaar unter dem Jubel der Bevölkerung, die nun wieder auf eine eigene Dynastie blicken konnte, in die Landeshauptstadt ein. Es sollte den beiden kein volles Friedensjahr mehr auf dem braunschweigischen Thron beschieden sein.

Die sozialen Spannungen

Die frühe Gunst wurde eine späte Last, so ist die Revolution von 1830 und ihre Folgewirkung beurteilt worden. Die Revolution hatte eine für die damalige Zeit relativ progressive Verfassung zur Folge, wichtige Reformen wie die Agrargesetzgebung wurden ins Werk gesetzt, auch 1848 bewährte sich noch der herrschende liberale Geist. Aber diese Verfassung mit ihrem frühliberalen Wahlrecht versteinerte und blieb mehr und mehr hinter den Ansprüchen der Zeit zurück. Gegen Ende des 19. Jahrhunderts standen sich in Braunschweig die politischen Lager in schroffer Konfrontation gegenüber.

Dies geschah, obwohl sich der Lebensstandard der Bevölkerung verbesserte. Zwar mußten um 1900 immer noch mehrere Arbeiterkinder in einem Bett schlafen, aber in der ersten Jahrhunderthälfte hatten die Ärmsten auf einem Bündel Stroh auf dem nackten Fußboden geschlafen. Um 1900 kam nur am Sonntag ein kleines Stückchen Fleisch auf den Tisch, um 1840 im ganzen Jahr kein einziges. Um 1900 mochte die Kleidung oft abgetragen sein, aber zwei Generationen früher waren viele Menschen so zerlumpt, daß man ihre Haut allenthalben durch die Löcher sehen konnte. Daß die sozialen Spannungen in der zweiten Jahrhunderthälfte und in der Zeit um 1900 deutlicher wurden, lag nicht an der nackten Not, sondern eher an dem noch stärker gestiegenen Lebensstandard des Bürgertums. Die Diskrepanz zwischen Arm und Reich wurde in der zweiten Jahrhunderthälfte eher größer. Da außerdem das Bürgertum an den politischen Entscheidungen beteiligt war, die Arbeiterschaft aber faktisch ausgeschlossen, erzeugte das zusätzliche Erbitterung. Soziale Gerechtigkeit und Demokratie – das waren die Forderungen der Arbeiterschaft.

Die moderne Arbeiterbewegung begann in Braunschweig mit der Gründung des ADAV, des Allgemeinen Deutschen Arbeitervereins, durch Wilhelm Bracke im Jahre 1865. Bracke war ein begeisternder Redner, ein unermüdlicher Arbeiter, eine charismatische Persönlichkeit. Selbst seine politischen Gegner konnte er durch seine schwungvollen Argumente zur Zustimmung mitreißen, erst in seiner Abwesenheit merkten sie, das sie in seiner Gegenwart etwas bejaht hatten, was sie an sich ablehnen wollten.

Stimmenanteile der Parteien

Reichstagswahlen 1871–1912 (Herzogtum Braunschweig)

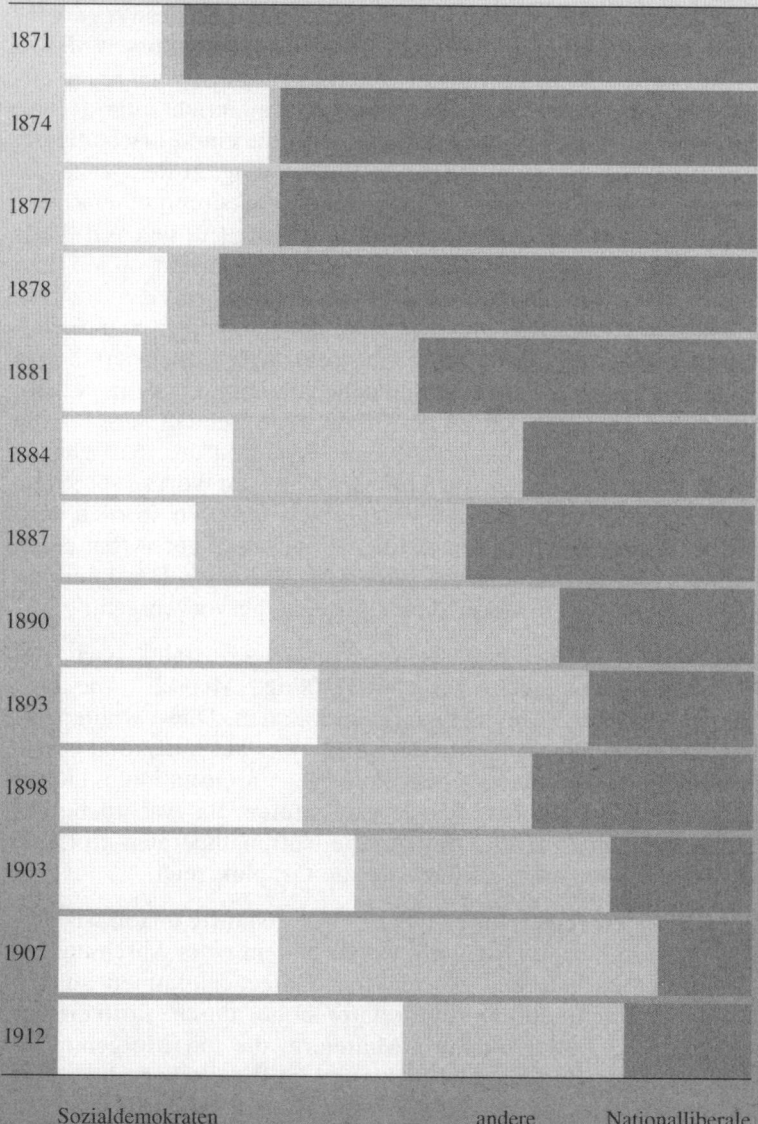

Sozialdemokraten andere Nationalliberale

Bracke gründete zusammen mit Bebel und Liebknecht 1869 die Sozialdemokratische Arbeiter-Partei, der Parteivorstand erhielt seinen ersten Sitz in Braunschweig. Nach der Schlacht von Sedan im Krieg von 1870/71 plädierte Bracke für einen frühzeitigen Frieden des Ausgleichs mit Frankreich. Er wurde deswegen vom preußischen Militär verhaftet, in Eisenketten geschlossen und so in die ostpreußische Festung Lötzen transportiert. Nach Kriegsende wurde er von einem braunschweigischen Gericht quasi freigesprochen, und der preußische General mußte eine Entschädigung bezahlen. Bracke gründete einen Parteiverlag, in dem auch die sozialdemokratische Tageszeitung, der „Volksfreund", erschien, er vertrat zeitweise seine Partei im Reichstag (für den Wahlkreis Glauchau-Meerane), er entfaltete unter den Häuslingen auf dem Lande trotz erheblicher Widerstände der Bauern eine zunächst erfolgreiche Agitation und wäre, wie ein zeitgenössischer Sozialdemokrat es ausgedrückt hat, „an Leistungen für unsere Sache Bebel vielleicht gleich, sicherlich nahe gekommen", wenn er nicht schon mit knapp 38 Jahren gestorben wäre. Seinem Sarg folgten am 2. Mai 1880 Zehntausende von Menschen aus dem ganzen Herzogtum, ohne einen Ton zu singen, ohne ein Wort zu sprechen, weil das wegen des Sozialistengesetzes verboten worden war. Noch Jahrzehnte lang legten die Braunschweiger Arbeiter an seinem Todestag Kränze auf seinem Grab nieder. Das Land hat nie wieder einen Politiker dieses Formats hervorgebracht.

Auf der bürgerlich-bäuerlichen Gegenseite stand nach der Reichsgründung „jeder zurechnungsfähige Mensch", wie man hier meinte, im Lager der Nationalliberalen. Diese wollten die verfassungsmäßigen Rechte bewahren oder ausbauen und bejahten dabei den Bismarckschen Staat. Sie waren national, hielten Distanz zum Katholizismus und fürchteten die Ansprüche der Arbeiterschaft. Die SPD drängte die Nationalliberalen im Laufe der Zeit immer mehr zurück, wie die Graphik zeigt.

Die Braunschweiger Arbeiterbewegung erstarkte unablässig. Die Gewerkschaften wuchsen. Sie waren hier in einer Mischung aus Kampfbereitschaft und geschicktem Entgegenkommen äußerst erfolgreich und erkämpften relativ hohe, durch Tarifverträge abgesicherte Löhne. An den Maifeiern, die mit Morgenimbiß, Frühschoppen und Kinderbelustigung im Pawelschen Holz stattfanden, beteiligten sich an die 5 000 Menschen, wobei der Hin-

Das 20. Jahrhundert

Der Erste Weltkrieg

Am 31. Juli 1914 erklärte Deutschland den Krieg an Rußland, am 3. August an Frankreich, am 4. August erklärte England Deutschland den Krieg. Die deutschen Kriegserklärungen wurden von der eigenen Bevölkerung durchweg mit dem Bewußtsein aufgenommen, einen Verteidigungskrieg zu führen, denn der Angriff Rußlands auf den Bündnispartner Österreich schien unmittelbar bevorzustehen, und Deutschland glaubte nicht warten zu können, bis die Militärmaschinerie der Verbündeten Rußland und Frankreich sich mit aller Kraft in Bewegung setzte. Die deutschen Parteien sammelten sich denn auch um die Regierung, indem sie die Kredite zur Finanzierung der Kriegskosten bewilligten. Auch die sozialdemokratische Reichstagsfraktion tat das einstimmig, obwohl sie intern schon gespalten war.

Mit Begeisterung und Entschlossenheit ist der Kriegsbeginn von der Braunschweiger Bevölkerung aufgenommen worden. Viele junge Leute, besonders die Abiturienten und Studenten, meldeten sich freiwillig an die Front. Mit Blumen, mit Militärmusik wurden sie verabschiedet, und die Begeisterung stieg noch, als die ersten Siegesmeldungen einliefen. In einigen Teilen Deutschlands und bei einigen Teilen der Bevölkerung gab es jedoch Vorbehalte. Die Stimmung der Braunschweiger Sozialdemokratie wird durch zwei Strophen eines Gedichts gut charakterisiert, das am 8. August 1914 im „Volksfreund" erschienen ist:

> Die Welt um Deutschland steht in Kriegesflammen;
> Von allen Seiten droht ein starker Feind;
> Das ganze Volk hält brüderlich zusammen,
> Zum Kampf fürs deutsche Vaterland geeint.
> Und die als „inn'rer Feind" verrufen waren,
> Wir, denen alle Rechte man beschnitt,
> Wir rufen donnernd: „Nieder mit dem Zaren!"
> – Wir ziehen mit!

> Und ob man auch mit Säbel und mit Knüttel
> Uns vorenthielt Freiheit und gleiches Recht,

und Rückmarsch als Demonstration gestaltet wurde. Ihre
zeigte die Braunschweiger Arbeiterbewegung auch durch
Bau des „Volksfreunde-Hauses", das als Bürohaus für die
tung, für Partei und Gewerkschaften von Mitglieds- und Sper
geldern errichtet wurde. Daß dieses „Rote Schloß" dem
denzschloß schon von der Lage her gleichsam im Nacken saß
eine bewußte Herausforderung.

Erbittert waren die Kämpfe um das braunschweigische Land
wahlrecht. Es war kompliziert und privilegierte die Oberschic
auf eine skandalöse Weise. Zwar gab es häufig bürger
Anträge, das Wahlrecht zu demokratisieren, aber die konserv
Landtagsmehrheit ließ diese Vorstöße aus Furcht vor der So
demokratie scheitern. Nur ein einziges Mal konnte in diese
stark sozialdemokratisch eingefärbten Land ein Sozialdemo
nämlich Heinrich Jasper, 1909 ein Landtagsmandat erringen,
auch dies wurde ihm ein Jahr später wieder aberkannt. Aus
Demonstrationen für ein demokratisches Wahlrecht wurden
tige Zusammenstöße, in denen die Polizei mit geschwunge
Säbel gegen die Demonstranten vorging (so 1910 und 1914
war ein böses Omen für die Regierung Ernst Augusts, daß
Januar 1914, nach der ersten Landtagssitzung, die er erö
hatte, eine „Straßenschlacht" vor dem Schloß auf dem Boh
stattfand.

In den innerparteilichen Auseinandersetzungen um die Taktik
politischen Kampfes entschied sich die Braunschweiger S
deshalb für Radikalität. Anders als die Mehrheit im R
befürwortete sie den Massenstreik als politische Waffe im Ka
für Demokratie und Sozialismus. In dieser Hinsicht war nicht
die Landeshauptstadt radikal, ebenso waren es die kleinen St
und Orte.

Wir weigerten dem Reiche nicht die Mittel,
Wir, die bisher zum kleinsten Amt zu schlecht.
Wir, denen jeden Umzug man verboten,
Von denen mancher im Gefängnis litt,
Wir, die verfolgten und geschmähten Roten,
– Wir ziehen mit!

Die Bereitschaft, das Vaterland zu verteidigen, vor allem gegen
den verhaßten Zaren, kam in den Versen ebenso zum Ausdruck
wie eine tiefe Verletzung durch die ständigen Zurücksetzungen,
Demütigungen und Verfolgungen. Ein tiefer Ingrimm auf die
Machthaber spricht aus jeder Zeile.

Dies war eine braunschweigische Besonderheit. In der Nachbar-
stadt Hannover z. B. waren die sozialdemokratische Presse und
die sozialdemokratische Partei die ganze Kriegszeit hindurch von
dem Geiste des Burgfriedens durchdrungen, der jede Kritik an
Staat und Regierung hintanstellte. Im Herzogtum wurde dagegen
jede Belastung als kaum noch zumutbar aufgenommen.

An solchen Belastungen fehlte es nicht. Es litten nicht nur die
Soldaten an der Front. Es litt auch die Zivilbevölkerung bei dem
Gedanken an ihre Männer, Söhne und Väter, die in jedem
Augenblick in akuter Todesgefahr sein konnten. Es füllten sich
die Zeitungen mit Todesnachrichten. Kaum eine Familie, die nicht
von Angst um ihre Angehörigen erfüllt war. Dies war die
Hauptbelastung, der die Heimatbevölkerung ausgesetzt war. Hinzu kamen Belastungen durch Mehrarbeit. In der Stadt Braunschweig rückten z. B. 7 000 AOK-Mitglieder an die Front, 4 000
Frauen nahmen ihre Arbeitsplätze ein. Da die Belegschaft in den
kriegswichtigen Großbetrieben kaum zurückging, litten vor allem
Handwerk und Kleingewerbe unter Arbeitskräftemangel. Darunter litt aber auch die Bevölkerung. Vor allem die Frauen, die
neben ihrer Berufstätigkeit Kinder zu versorgen und zusätzlich
noch mit der Lebensmittelknappheit zu kämpfen hatten, waren
aufs stärkste belastet.

Deutschland konnte sich nicht selbst ernähren, das ist schon
gesagt worden. Weil die Engländer Deutschland blockierten,
nahm die Unterversorgung dramatische Formen an. Es wurde
versucht, alles irgendwie Verwertbare zu nutzen. Die Schulkinder
zogen z. B. in den Wald und sammelten Eicheln, Bucheckern und
Hagebutten. Auch anderes Material wurde gesammelt, so Kupfer,

Zinn, Aluminium, Alteisen, Lumpen, Wolle, Leder u. v. a. m. Aber den Lebensmittelmangel konnte man so nicht beheben. Um alle halbwegs gleichmäßig zu versorgen, wurden Lebensmittelkarten eingeführt, zu Anfang 1915 z. B. die Brotkarten. Schwer-, Schwerst- und Rüstungsarbeiter erhielten Zulagen, als sich herausstellte, daß die Rationen für sie nicht reichten. Fabrikkantinen und Volksküchen versuchten dem Mangel abzuhelfen, bewirkten aber nur eine etwas andere Verteilung der sowieso nicht ausreichenden Lebensmittel. Wer konnte, versuchte auf dem Lande etwas zu erhalten. Die meisten Städter hatten Verwandte auf dem Lande, und die verwandtschaftlichen Bande bewährten sich in der Notzeit. Andere bezahlten horrende Schwarzmarktpreise. Für die Wohlhabenden war das meiste erhältlich, was natürlich besondere Erbitterung erzeugte.

Lohnerhöhungen konnten die höheren Preise besonders auf dem Schwarzmarkt keineswegs ausgleichen. Die städtische Bevölkerung hungerte. Sie klagte die Landbevölkerung an, weil sie (angeblich oder tatsächlich) Lebensmittel hortete und zu horrenden Schwarzmarktpreisen verkaufte. Die Landbevölkerung verwies auf die hohe Arbeitsbelastung, da viele deutsche Männer im Krieg waren und die ausländischen Arbeitskräfte nur noch eingeschränkt zur Verfügung standen. Auch die Bürokratie erschreckte die bäuerliche Bevölkerung. Getreide, Vieh, Milch, Eier – alles wurde kontrolliert. Bis auf einen kümmerlichen Rest mußte alles abgeliefert werden. Die offiziell festgesetzten Höchstpreise wurden als ungenügend empfunden. Es fehlte an Futter- und Düngemitteln. Es entstand ein ausgesprochener Land-Stadt-Gegensatz, der um so brisanter war, als die Militärbehörden sich gewöhnlich auf die städtische Seite stellten. Sie fürchteten die revolutionäre Stimmung, die in der Stadt Braunschweig herrschte, und kannten ihre Abhängigkeit von der Arbeiterschaft, die in den kriegswichtigen Industrien arbeitete. (Dazu gehörten z. B. Büssing, Amme, der Flugzeuge baute, die Jute-AG, Voigtländer, im Herzogtum die Harzer Werke Rübeland und Zorge, auch viele Konservenfabriken.)

Die Stimmung in Braunschweig wurde am Sparzwang-Streik vom Mai 1916 besonders deutlich. Der Lohn von Jugendlichen, der 16 Mark pro Woche übertraf, sollte nicht ausgezahlt werden, sondern auf Sparkonten festgelegt werden, ohne daß die jungen Leute darüber verfügen konnten. Diese Maßnahme war in Berlin hingenommen worden, in Braunschweig riefen die Jugendlichen zum Streik auf. Der Streik erfolgte unter abenteuerlichen Begleitumständen. Die Streikversammlungen fanden z. B. nachts in den umliegenden Wäldern statt. Demonstrationen wurden abgehalten, Schaufenster von den Jugendlichen und Arbeiterfrauen zertrümmert. Zögernd schlossen sich Parteiführung und Gewerkschaften dem Streik an, weil die Arbeiter Miene machten, ihn zu einem Generalstreik auszuweiten. Der Streik war ein voller Erfolg, und der verantwortliche General nahm wenig später seinen Abschied.

Während der Kriegsjahre verstärkte sich in der SPD der Verdacht, die deutsche Regierung führe den Krieg nicht zur Verteidigung, sondern zu Eroberungszwecken. Die Fraktionsdisziplin der SPD im Reichstag zerbrach deshalb an der Frage, ob man der Reichsleitung weitere Kriegskredite genehmigen solle. Unter Führung von Karl Liebknecht und Rosa Luxemburg trennte sich ein Teil der Partei von der Sozialdemokratie und gründete im April 1917 die Unabhängige Sozialdemokratische Partei Deutschlands, die USPD. Fast überall blieb diese Partei gegenüber der „Mehrheitssozialdemokratie" in der Minderheit. Nicht so in Braunschweig. Hier hatte die USPD gegenüber der SPD die Mehrheit. Von den etwa 3 000 Sozialdemokraten gingen nur rund 100 mit dem gemäßigten Heinrich Jasper in eine Organisation der Mehrheitssozialdemokratie. Ein heftiger Kampf entzündete sich um die Parteizeitung, den „Volksfreund". Mit Hilfe der Gerichte und der Polizei konnten die Mehrheitssozialdemokraten den „Volksfreund" gegen den Willen der meisten Parteigenossen behaupten. Es kam zu Schlägereien zwischen den Anhängern der beiden Richtungen. Die Spaltung ging bis zu den Gewerkschaften und dem Konsumverein. Bezeichnend für die Erbitterung ist etwa, daß die Austrägerinnen sich weigerten, den „Volksfreund" der Mehrheits-SPD zu verteilen. Der „Volksfreund-Raub" entzweite noch lange die beiden Flügel der braunschweigischen Arbeiterbewegung.

Lange vor den Anti-Kriegs-Streiks in Berlin im Januar 1918 kam es in Braunschweig zu einem politischen Streik. Im August 1917 legten zwischen 5 000 und 10 000 Arbeiter die Arbeit nieder. Sie forderten nicht nur ein demokratisches Wahlrecht, sondern u. a.

auch, daß die Braunschweiger Landesregierung für einen sofortigen Frieden ohne Annexionen und Kontributionen eintreten sollte. 39 Betriebe beteiligten sich an dem Streik, aber er scheiterte, weil die Militärverwaltung zahlreiche Verhaftungen vornahm. 34 Männer und 90 Frauen wurden verurteilt. August Merges, ein ehemaliger Schneider, im Krieg Angestellter der USPD, rechtfertigte sein Eintreten für den politischen Streik damit, er habe auf die Revolution gehofft.

Unter Leitung dieses August Merges sammelte sich in den Kriegsjahren eine Gruppe von etwa 15 Arbeitern und Arbeitervertretern – der Braunschweiger Revolutionsklub. Es waren Funktionsträger der Partei und der Gewerkschaften, Vertrauensleute aus den Betrieben und aktivistische Jugendliche. Kaum irgendwo in Deutschland hat man so zielbewußt nachgedacht, debattiert und geplant, um einen Umsturz der bestehenden Verhältnisse zu bewerkstelligen, wie in Braunschweig.

Die Revolution von 1918/19

Im Frühherbst 1918 wurde es der Obersten Heeresleitung klar, daß der Krieg verloren war. Am 3. Oktober wurde der amerikanische Präsident um Waffenstillstand ersucht. Das war das Eingeständnis der Niederlage. Die Matrosen der deutschen Hochseeflotte erhielten jedoch den Befehl zum Auslaufen. Die Flotte sollte nach den Vorstellungen ihrer Befehlshaber noch eine letzte Schlacht schlagen, um „in Ehren unterzugehen". Die Matrosen verweigerten jedoch den Befehl. Die Meuterei wurde in die Hafenstädte Wilhelmshaven und Kiel getragen, die Arbeiter schlossen sich den Matrosen an. Die Matrosen setzten sich in die Züge und fuhren in die nächsten Städte, um auch dort die Arbeiter und Soldaten für den Umsturz zu gewinnen. Wenig später beherrschten sie Cuxhaven, Hamburg und Lübeck. In der Nacht vom 6. zum 7. November kamen sie mit dem Zug nach Braunschweig.

Hier hatte es schon seit einigen Tagen Massenversammlungen gegeben. Am 7. November marschierte die Arbeiterjugend hinter ihren Roten Fahnen zum Kohlmarkt und zum Bahnhof, August Merges hielt eine Ansprache, Häftlinge wurden befreit, die Schloßwache trat mit Trommelwirbeln auf die Seite der Revolution über. In der Nacht wurde ein Aktionsplan beschlossen. Tags darauf wurde das Volksfreund-Haus besetzt und alle Betriebe und Garnisonen aufgefordert, sich der Revolution anzuschließen. 20 000 Menschen versammelten sich am Vormittag des 8. November 1918 vor dem Schloß, auf dem die Rote Fahne gehißt wurde. Die Republik wurde ausgerufen, mittags ein Arbeiter- und Soldatenrat gewählt, und am Nachmittag begab sich August Merges mit vier Soldaten und zwei Arbeitern zum Herzog und legte ihm eine Abdankungserklärung vor. Der Herzog unterschrieb. Eine vielhundertjährige Monarchie war beendet.

Am nächsten Tag, einem Sonnabend, wurde normal gearbeitet. Nach erneuter Demonstration auf dem Schloßplatz wurde im Landtagsgebäude eine Regierung, ein Rat der Volkskommissare, gewählt, denen der USPD-Mann Sepp Oerter als führendes

119

Mitglied angehörte. August Merges wurde Präsident der Republik.

Wie nun weiter? Die aktivistischen Jugendlichen empfahlen die Diktatur des Proletariats, Sepp Oerter aber wurde nicht müde, allgemeine Landtagswahlen zu propagieren. Sie fanden am 22. Dezember statt und gehörten zu den ersten im neuen Deutschland. Etwa drei Viertel der Wähler stimmten für die Revolution, so läßt sich das Ergebnis interpretieren – grob ein Viertel jeweils für USPD und SPD, ein Viertel für die Linksliberalen, die im Kaiserreich zur Opposition gehörten und zu den „Reichsfeinden" gerechnet wurden. Ein Viertel stimmte für ein energisches, bürgerliches Anti-Links-Bündnis. Man kann es auch so sehen: das Land war etwa halb und halb gespalten in ein Lager der Arbeiterparteien und ein bürgerliches Lager. Das unterstützte zur Hälfte den Umsturz, zur Hälfte lehnte es ihn ab.

Es wurde eine Koalitionsregierung aus USPD und SPD unter der Leitung von Oerter gebildet. Die Auseinandersetzungen zwischen den beiden Arbeiterparteien hatten jedoch mit der Koalition kein Ende, im Gegenteil, sie wurden erschwert durch die Bildung einer weiteren revolutionären Arbeiterpartei, der KPD. Immerhin: diese Regierung versuchte als einzige in Deutschland, mit einem relativ schlüssigen Konzept eine Art von Sozialisierung zu verwirklichen. Ein Streik in der Eisenbahn-Signalbau-Anstalt im Jan. 1919 nahm Oerter zum Anlaß, das Werk einem Betriebs-Ausschuß zu unterstellen, bestehend aus 7 Arbeitern und 6 Angestellten. Der Ausschuß sollte alle kaufmännischen und technischen Bereiche leiten, kurz, „das ganze Unternehmen". Den Kapitaleignern wurde eine Verzinsung des Kapitals mit einem Risikozuschlag zugebilligt. Freilich scheiterte dieser Entwurf bald an einer Entscheidung des Reichsgerichts.

Die Entwicklungen im Reich verbitterten vor allem die aktivistischen Jugendlichen und die sich von der USPD trennenden Spartakisten und Kommunisten. Durch Massenaktionen, ähnlich wie bei der Novemberrevolution, müßte man noch einmal nach der Macht greifen, so meinten sie. Unter Führung von Merges beschlossen die Betriebsobleute einschließlich einer in Braunschweig weilenden Volksmarine-Division für den 9. April 1919 den Generalstreik, mit dem man Deutschland zu einer zweiten Revolution mitreißen wollte. Die Arbeiterräte oder gar die

Regierung Oerter wurden nicht befragt. Die Losungen zeigten die kommunistische Orientierung: Anschluß an die russische Räterepublik, Auflösung der gewählten Parlamente, Sturz der „Mörderregierung" Ebert–Scheidemann, Bewaffnung des Proletariats u. ä. m. wurden gefordert.

Der Streik traf allerdings auf ungewöhnlichen Widerstand des Bürgertums. Es kam zu einem Gegenstreik aller Geschäftsinhaber und Gewerbetreibenden, der Banken, der Beamten, sogar der Ärzte und Apotheker. Den Ärzten wurde Entzug der Lebensmittelkarten angedroht, aber nirgends gab es Beamte, die das durchführen wollten. Sowieso wurden keine Lebensmittel verkauft. Das gesamte wirtschaftliche und administrative Leben des Landes kam zum Erliegen. Auch die Eisenbahnen lagen still, und dies beeinträchtigte den Verkehr in ganz Deutschland.

In dieser Situation beschloß die Reichsregierung, die Reichsexekution über das Land Braunschweig zu verhängen. Das Jägerkorps des Generalmajors Maercker wurde in Marsch gesetzt, brach den Widerstand, der in Helmstedt und Schöningen geleistet wurde, und zog am 17. April 1919 in Braunschweig ein. Schon vorher war der Generalstreik wegen mangelnder Unterstützung im übrigen Deutschland abgebrochen worden. Beim Einmarsch wurden die Maercker-Truppen von der bürgerlichen Bevölkerung begeistert begrüßt. Die Soldaten wurden mit Blumen beworfen, und viele Bürger mochten glauben, die alten Zeiten seien zurückgekehrt, als sich die Truppe auf dem Löwenwall zur Parade aufstellte. Die Rote Fahne wurde vom Schloß heruntergeholt und die schwarz-weiß-rote Fahne des Kaiserreichs aufgezogen. Das entsprach der Gesinnung der Truppe, die die Reichsregierung hatte einmarschieren lassen.

Der Akt ist von symbolhafter Bedeutung. Anscheinend sollten nicht die schwarz-rot-goldenen Farben einer verständigungsbereiten Demokratie über dem Lande wehen, sondern in krassem Wechsel die Flaggen der Arbeiterbewegung und der konservativen Reaktion.

Die Weimarer Republik

Wie im Reich wechselten die Regierungen des Landes Braunschweig häufig. In Berlin waren die Linksliberalen und das Zentrum an allen Regierungen beteiligt und stellten so eine gewisse Kontinuität her. In Braunschweig standen sich die Lager dagegen unvermittelter und feindlicher gegenüber, denn die Linksliberalen wurden von den republikfeindlichen Kräften weitgehend aufgesogen. Das Bürgertum dieses Landes wandte sich in hohem Maße von der Demokratie ab und stand in grimmiger Feindschaft einer Arbeiterbewegung gegenüber, die stärker als im übrigen Deutschland von sozialistischem Gedankengut geprägt war.

Zwei unterschiedliche Staats- und Gesellschaftsideale, zwei unterschiedliche Wertvorstellungen kämpften gegeneinander. Vordergründig ging es, den beschränkten Kompetenzen eines Landes entsprechend, um nicht sehr entscheidende Fragen. Der konkrete Streit entzündete sich vor allem an der Schulpolitik, und zwar an der Frage des Religionsunterrichts. Schon Minna Faßhauer, die vielverspottete Kultusministerin in Sepp Oerters Rat der Volkskommissare, hatte die geistliche Schulaufsicht beseitigt. Otto Grotewohl von der USPD verfügte 1922 u. a., daß nicht-christliche Schüler nicht mehr religiös beeinflußt werden dürften. Die bürgerliche Opposition rief deswegen das Reichsgericht an, so daß Heinrich Jasper den Erlaß abmildern mußte. Marquordt, Chef einer bürgerlichen Regierung, stellte 1925 den christlichen Grundcharakter der Schule wieder her, was die Sozialdemokraten als einen Verstoß gegen den freiheitlichen Charakter der Weimarer Verfassung interpretierten. 1928 machte der SPD-Politiker Hans Sievers den Marquordtschen Erlaß wieder rückgängig, und 1932 beseitigte der Nationalsozialist Klagges den Sieversschen Erlaß.

Daß es nicht um ein bißchen mehr oder weniger Religionsunterricht ging, wird an der Härte der Auseinandersetzungen deutlich. Mehrfach gab es Tote. Beim Einmarsch der Maercker-Truppen 1919 waren in Helmstedt und Schöningen schon Arbeiter erschossen worden, während des Kapp-Putsches wurden in Broitzem zwei Reichswehrsoldaten erschossen, und ab 1930, als die Nationalsozialisten nach der Macht zu greifen begannen, wurden die Kämpfe noch härter. 1921 gehörten auch Dynamit-Anschläge gegen die Garnisonskirche und den „kapitalistischen" Tennisclub zu den Formen politischer Auseinandersetzungen, in diesem Fall verübt von Tätern aus der Umgebung von August Merges und Minna Faßhauer.

Analysiert man die Landtagswahlen von 1922 nach regionalen Gesichtspunkten, sieht man, daß die USPD, die sich nach der Wahl mit der SPD wieder vereinigte, ihren Rückhalt vor allem bei den Fabrikarbeitern der Braunschweiger Großbetriebe hatte, außerdem bei den Braunkohlenarbeitern in Schöningen. Zu einem Teil wählten auch die Landarbeiter auf den Gütern im Vorharz die USPD. Die SPD wurde eher von den Arbeitern kleinerer Betriebe gewählt, auch von vielen Angestellten und kleineren Gewerbetreibenden. Holzminden und Gandersheim waren typische SPD-Hochburgen. Anhang hatte die SPD auch unter den vielen Klein- und Kleinstlandwirten, die auf wenigen Morgen eigenem oder gepachtetem Land Spargel und Gemüse für die Konservenindustrie anbauten. Der Bürgerblock, ein von August Roloff organisierter Zusammenschluß vieler bürgerlicher Parteien, Gruppen und Interessenvertretungen, in der Gesinnung sehr rechtslastig, zog in dieser Wahl schon die Linksliberalen auf seine Seite. Er dominierte überall, wo das Bürgertum stark vertreten war, z. B. in der Beamten- und Pensionärsstadt Blankenburg, und er hatte seine Stärke vor allem in den groß- und mittelbäuerlichen Landgebieten. Die agrarischen Gebiete von Vorsfelde und Ottenstein, Calvörde und Thedinghausen waren Hochburgen des Bürgerblocks.

Die wirtschaftliche Entwicklung erleichterte es den Bauern nicht, sich mit der Demokratie anzufreunden. Nur langsam erholten sie sich von den Anormalitäten des Krieges. Der Viehbestand, der in der Kriegszeit teils aus Arbeitskräftemangel, teils wegen der staatlichen Kontrollen und der unbefriedigenden Preise zusammengeschmolzen war, hatte auch 1925 den Vorkriegsstand noch nicht wieder erreicht.

Er ging dann erneut rapide zurück. Die Pflanzenproduktion, mit mehr Handelsdünger und besserem Saatgut betrieben, sollte das ausgleichen. Die Rübenernte stieg von 3,7 Mill. dz im Jahre 1919 schon 1922 auf 6,2 Mill. dz, die Kartoffelernte von 2,4 Mill. dz

(1920) auf 3,5 Mill. dz (1924). Höhere Erträge tendierten jedoch zu niedrigeren Preisen. 1913 erzielte der Landwirt für einen Zentner Zuckerrüben 1,10 Mark, 1925 und 1926 nur eine Mark. 1913 wurden für einen Zentner Stangenbohnen zehn Mark bezahlt, 1927/28 nur 5,50 Mark. Das waren zwar ungewöhnliche Beispiele, aber insgesamt blieben die Erzeugerpreise deutlich hinter den Preisen für landwirtschaftliche Maschinen und landwirtschaftlichen Bedarf zurück.

Schlimmer wirkte die Inflation. Seit Menschengedenken waren die Gelder, die beim Staat angelegt waren, sicher gewesen. Keine Inflation hatte heimlich an ihrem Wert gezehrt. Vor dem Kriege hatten die Landwirte reichlich Überschüsse erzielt und sehr viel gespart. Seit dem Krieg mußten sie zusehen, wie diese Gelder ständig wertloser wurden. Als 1923 die Hyperinflation durchbrach, gingen die Ersparnisse restlos verloren. Die Landwirte konnten noch froh sein, daß die Substanz ihrer Betriebe davon nicht berührt wurde, während bürgerliche Rentenbezieher oft völlig vor dem Nichts standen.

Die Weltwirtschaftskrise von 1930 traf die Landwirtschaft erneut hart. Die Arbeitslosigkeit erzeugte eine gravierende Armut und zog die gesamte deutsche Gesellschaft in Mitleidenschaft. Die Preise verfielen. Am stärksten brachen die Preise der Fleisch- und Wurstwaren und der feineren Gemüse zusammen. Von 1929 bis 1931 mußten alleine sechs Konservenfabriken schließen. Hunderte von Gemüsebauern verloren ihren Absatz.

Die wirtschaftliche Lage erklärt nur zum Teil, warum die braunschweigischen Bauern erst den rechtslastigen Bürgerblock wählten und dann mit fliegenden Fahnen zur NSDAP übergingen. Auch im katholischen Deutschland litt die Landwirtschaft, trotzdem wählten die dortigen Bauern nicht rechtsradikal. Offensichtlich hatte sich der katholische Volksteil weniger mit dem kaiserzeitlichen Obrigkeitsstaat identifiziert und war weniger geneigt, den Nationalismus als höchsten Wert anzuerkennen. Die NSDAP wählte in erster Linie das protestantische Deutschland, die kleinen Orte mehr als die großen, die jungen Menschen mehr als die älteren, die oberen Schichten mehr als die unteren. Abgesehen von der Industriearbeiterschaft in den Großstädten waren alle Bevölkerungsteile im protestantischen Deutschland mehr oder minder bereit, sich der NSDAP zuzuwenden.

Stimmenanteile der Parteien

Reichstagswahlen 1919–1932 (Land Braunschweig)

Jahr	Arbeiterparteien			Antidemokr. Rechte
1919	USPD	MSPD	bürgerl. Mittelparteien	
1920	USPD	MSPD	b. Mp.	DNVP
1924 I	KPD	SPD + USPD	b. Mp.	DNVP + NSDAP
1924 II	KPD	SPD	b. Mp.	DNVP + NSDAP
1928	KPD	SPD	b. Mp.	DNVP + NSDAP
1930	KPD	SPD + USPD	b. Mp.	DNVP + NSDAP
1932 I	KPD	SPD	b. Mp.	DNVP + NSDAP
1932 II	KPD	SPD	b. Mp.	DNVP + NSDAP

Arbeiterparteien   Antidemokr. Rechte

Es dauerte jedoch ziemlich lange, bis die Partei aufgebaut und bekannt war. 1930 gewann sie im Reich 18 % der Stimmen, und in diesem Jahr errang sie in den braunschweigischen Landtagswahlen 9 Mandate. Der Bürgerblock hatte 11 Mandate. Bei 40 Abgeordneten insgesamt konnten beide zusammen gerade eine Regierung bilden, zumal der einzige liberale Abgeordnete, den es auf der Gegenseite noch gab, eine wenig standfeste Persönlichkeit war. In dieser neuen Regierung wurde der Nationalsozialist Klagges nach einem Intermezzo mit dem NS-Mann Franzen braunschweigischer Innen- und Volksbildungsminister (ab September 1931). Damit war dieses Land das erste nationalsozialistisch regierte Land in Deutschland.

Das hatte Folgen. Zwar wurde die innere Freiheit im Lande nicht wesentlich beeinträchtigt, denn noch galten die Gesetze des Weimarer Staates. Gegen allzu offene Übertretungen gab es noch den Weg zu den Gerichten.

Es fallen jedoch drei unrühmliche Ereignisse in diese Zeit. Das erste ist das Treffen der gesamten deutschen Rechten in Bad Harzburg, eben nicht zufällig auf dem Gebiet des Landes. Diese „Harzburger Front" rief am 11. Oktober 1931 in ostentativer Form den Reichspräsidenten Hindenburg auf, endlich eine Rechtsregierung einzusetzen. Das zweite war der demonstrative Aufmarsch von 70 000 SA-Leuten in Braunschweig, mit dem Hitler der bürgerlichen Rechten vorführen wollte, wie politischer Kampf seines Erachtens auszusehen hatte. Nachdem er auf dem Nußberg 24 SA-Fahnen mit Hilfe der „Blutfahne" in mystisch-feierlicher Zeremonie geweiht hatte, marschierten die SA-Leute vier Stunden an ihm vorbei. Niemals vorher hatte man in Deutschland ein solches Schauspiel gesehen. Schlimmer und charakteristischer waren die Begleiterscheinungen. Wer immer als Reichsbanner-Mann, als Sozialdemokrat oder Kommunist am Rande des Zuges zu erkennen war, wurde geprügelt und getreten. Die Arbeiterstraßen wurden von der SA angegriffen und regelrecht belagert, und ohne die herbeigeholte preußische Polizei hätte es ein Blutbad gegeben. Trotzdem sind zwei Arbeiter von den Nationalsozialisten erschossen worden. Am schlimmsten und bedenklichsten aber war die Reaktion der bürgerlichen Rechten auf diese manifesten Morde. Sie tat sie mit Achselzucken ab. Irreführend und demagogisch berichtete die Braunschweigische

Landeszeitung unter der Überschrift „Ein Todesopfer der marxistischen Provokation".

Schließlich ermöglichte es die braunschweigische Landesregierung Hitler, daß er sich überhaupt um das oberste Staatsamt bewerben konnte. Er war nämlich wegen seiner österreichischen Herkunft staatenlos, und um ihm die deutsche Staatsangehörigkeit zu geben, ernannte ihn die Regierung Klagges zum braunschweigischen Beamten. Er wurde Regierungsrat bei der Gesandtschaft (der Landesvertretung) in Berlin. Diese Ernennung erfolgte am 25. Februar 1932. Hitler wurde sogleich beurlaubt, um gegen Hindenburg in der Reichspräsidentenwahl zu kandidieren.

Er herrschte ein haßerfülltes Klima in Land und Stadt. Ein französischer Kellner, der im Rahmen des internationalen Kellneraustausches in Braunschweig tätig war, erzählte 1932 einem amerikanischen Journalisten, er habe in Frankreich gerade seine Wehrpflicht absolviert und sei nicht gerne Soldat gewesen. Seine Braunschweiger Kollegen seien freundlich zu ihm, aber wenn er daran denke, was er sonst hier zu sehen und zu hören bekomme, halte er es für nötig, wieder beim französischen Militär einzurücken.

Das Dritte Reich

Am 30. Januar 1933 wurde Hitler zum Reichskanzler ernannt. Am 3. Febr. wurde in Braunschweig die Abgeordneten-Immunität aufgehoben. Als erster wurde der kommunistische Abgeordnete Gmeiner verhaftet, einer aus der Delegation, die den Herzog 1918 zur Abdankung veranlaßt hatte. Dann häuften sich die Zusammenstöße zwischen Nationalsozialisten und Arbeitern und gingen bei erlahmendem Widerstand der Arbeiter schnell in offenen SA-Terror über. Am 7. März setzte Klagges durch, daß SA und SS offiziell als Hilfspolizei verpflichtet wurden. Sie konnten nun mit dem Schein der Legalität operieren. Einen Tag später besetzten sie das Braunschweiger Rathaus, verbrannten die schwarz-rot-goldene Fahne und hißten das Hakenkreuz. Am 9. März erreichte der Terror einen ersten schrecklichen Höhepunkt.

Die SA stürmte das Volksfreund-Haus, in dem sich Angehörige der SPD und der Gewerkschaft verschanzt hatten. Ein Sozialdemokrat wurde sogleich erschossen, die anderen auf bestialische Weise verprügelt. Die Polizei sperrte die Umgebung ab, damit man die Schreie der Gefolterten nicht hörte. Andere Arbeiterführer und einfache Mitglieder wurden ins Volksfreund-Haus geschleppt und dort gefoltert. Das „Rote Schloß" wurde so etwas wie ein erstes KZ. Auch in den Wohnungen der Arbeiter kamen schreckliche Szenen vor. Die Abgeordneten wurden unter Schlägen gezwungen, auf ihr Landtagsmandat zu verzichten.

Bei sogenannten „Überholaktionen" rückte die SA planmäßig in die Arbeiterstraßen ein und verprügelte die Männer bis aufs Blut, wobei in der Stadt Braunschweig auswärtige SA eingesetzt wurde, in den Arbeitergegenden des Umlandes städtische. Um ein konkretes Beispiel für die Brutalität des Vorgehens zu nennen: Der Gewerkschafter Theissen wurde mit Stahlruten derart geprügelt, daß ihm das Fleisch in Fetzen vom Körper hing. In seinem Schmerz hatte Theissen eine Pistole verlangt, um sich zu erschießen. Schließlich in ein Krankenhaus gelangt, mußte er auf einem Drahtgestell gelagert werden, weil er nicht mehr liegen konnte. Er starb 14 Tage später. Bilder von seinem schrecklichen Zustand kursierten durch Braunschweig. Ein Krankenhausarzt hatte sie für mögliche Gerichtsverhandlungen aufgenommen. Als ihm klar wurde, daß er sich damit selbst gefährdete, nahm er sich das Leben.

Die Szenen aus dem Volksfreund-Haus wiederholten sich einen Monat später im Gebäude der AOK. Es gab keine Möglichkeit des Widerstandes mehr. Am 14. März fand die letzte Landtagssitzung statt, auf der von der SPD nur noch zwei Abgeordnete anwesend waren. Auf eine Große Anfrage der SPD, die „Energische Verfolgung des politischen Verbrechertums betreffend", antwortete der deutschnationale Minister Küchenthal kühl, die Regierung sei über alles informiert, es bedürfe keiner besonderen Maßnahmen. Im Juli erreichte der Terror einen schrecklichen Höhepunkt, als in Rieseberg östlich von Braunschweig zehn Arbeiter und ein Student ermordet wurden.

Der Schrecken war verbunden mit dem Jubel. Festliche Aufmärsche, wehende Fahnen, Lieder, Militärkapellen, im Lande Braunschweig auch Festgottesdienste der SA, nächtliche Fackelzüge, das alles wurde ins Werk gesetzt, um die Bevölkerung zu gewinnen. Die neuen Machthaber hörten nicht auf, davon zu sprechen, daß nun die Jahre der Schmach und der Schande zu Ende seien, daß ein neues Zeitalter für Deutschland anbreche, in dem das deutsche Volk zu alter Ehre und Größe zurückkehren und in friedlicher Arbeit die deutsche Kultur zu neuer Blüte führen werde. Es schien, als verwirkliche sich das, worauf die deutsche Geschichte seit Jahrhunderten zugesteuert habe. Viele Menschen waren schon vor der Machtergreifung für den Nationalsozialismus gewonnen, jetzt ging auch der Rest des bürgerlichen Lagers zum Nationalsozialismus über. Doch dies geschah nicht ohne Gewalt. Im Hintergrund wirkte auch die Drohung, die Mitglieder der bürgerlichen Parteien würden entlassen oder drangsaliert, aber die meisten glaubten oder wollten glauben, daß die „Nationale Revolution", wie die Nationalsozialisten ihre Machtergreifung nannten, tatsächlich ein besseres Zeitalter für Deutschland heraufführe. Die bürgerlichen Parteien lösten sich weitgehend von selbst auf.

„Gleichschaltung", das war der Terminus, unter dem die Ausschaltung der anderen Parteien vollzogen wurde. Der Landtag wurde nach dem Muster der Reichsregierung besetzt, d. h. es verblieben nur Nationalsozialisten und zwei deutschnationale Abgeordnete. Da diese zur NSDAP übertraten, hatte das Land Braunschweig als erstes ein rein nationalsozialistisches „Parlament".

Verantwortlich für die Machtergreifung im Land Braunschweig war Dietrich Klagges, ein energischer, ehrgeiziger, durchaus skrupelloser Parteimann. Formal wurde er durch das Reichsgesetz vom 7. April 1933 entmachtet, das in allen Ländern sogenannten Reichsstatthaltern die Macht übertrug. In Braunschweig bekam damit der Reichsstatthalter Loeper aus Dessau die entscheidenden Befugnisse. Er ließ aber Klagges freie Hand. Auch die zuständigen Gauleiter der Partei, zuerst Rust, dann Lauterbacher, arrangierten sich mit Klagges, der dadurch während des ganzen Dritten Reiches der mächtigste Mann im gleichgeschalteten Land blieb.

Die wichtigste Aufgabe, die dem neuen Regime auf wirtschaftlichem Gebiet oblag, war die Beseitigung der Arbeitslosigkeit. Diese Aufgabe wurde allmählich gelöst, zunächst weniger durch Rüstung als vielmehr durch Arbeitsbeschaffungsmaßnahmen. Dazu gehörte z. T. der Autobahnbau, der zunächst von der Stadt Braunschweig nach Peine erfolgte, ehe die durchgehende Verbindung Hannover–Berlin entstand. Auch der Wohnungsbau ist z. T. als Arbeitsbeschaffungsmaßnahme zu verstehen. Die Siedlung Lehndorf mit ihren von Gärten umgebenen Einzelhäusern entsprach den nationalsozialistischen Vorstellungen. Man soll in diesem Zusammenhang allerdings nicht vergessen, daß auch die Weimarer Republik kräftig gebaut hat, in der Stadt Braunschweig z. B. die Nibelungensiedlung und den Bebelhof.

Die spektakulärste und folgenreichste Gründung in der Region war das Volkswagen-Werk mit der Stadt Wolfsburg. Eine der wenigen harmlosen Ziele Hitlers war, das deutsche Volk zu motorisieren. Weil er der Privatwirtschaft gründlich mißtraute, ließ er die „Deutsche Arbeitsfront" 1938 ein Automobil-Werk „auf der grünen Wiese" errichten. Auch eine Stadt mußte zu dem Werk gebaut werden. Ihr Name blieb vorerst ungeklärt. Das Auto selbst sollte durch KdF („Kraft durch Freude"), eine Unterorganisation der Arbeitsfront, verkauft werden. Mehr oder minder offiziell wurde von der „Stadt des KdF-Wagens" gesprochen, wenn man das spätere Wolfsburg meinte.

Weniger harmlos war die Vorgeschichte des Salzgitter-Werkes. Es diente eindeutig der Kriegsvorbereitung. Deutschland sollte, das war Hitlers Vorstellung, autark werden, um sich in einem Krieg ohne äußere Zufuhren behaupten zu können. Deshalb sollten alle

130

heimischen Rohstoffe ausgebeutet werden. Zu diesen gehörte auch das Eisenerz im Salzgitter-Gebiet. Es war zwar von minderer Qualität, konnte aber dazu beitragen, Deutschland von Einfuhren unabhängig zu machen. Die Pläne für die Anlage des Werkes zur Eisenverhüttung wurden in großen Dimensionen angelegt. Aus 29 Gemeinden wurde 1942 per Verwaltungsakt eine einzige Stadt geschaffen. Damit sich alles unter der Hoheit eines einzigen Landes vollziehen konnte, wurde der Landkreis Goslar (gegen Abgabe von Holzminden) in das Land Braunschweig eingefügt. Dies geschah unter maßgebender Leitung Hermann Görings, der 1936 Bevollmächtigter für den Vierjahresplan geworden war und die Autarkie Deutschlands herstellen sollte.

Die beiden großen Neugründungen verstärkten das Gewicht der Region im Dritten Reich. Klagges hat sich auch auf anderen Gebieten bemüht, das Land im Sinne des Dritten Reiches auszuzeichnen. Dazu gehörte z. B. die Ausgrabung der Gebeine von Heinrich dem Löwen und seiner Gemahlin Mathilde. Hitler wurde herbeigeholt, um der Öffnung der Sarkophage beizuwohnen. Klagges überreichte ihm eine Locke von Heinrichs Haupt und ließ den Dom anschließend in eine nationalsozialistische Weihestätte umgestalten. Heinrichs des Löwen Ostpolitik wurde, wenigstens in den ersten Jahren des Regimes, als Vorgriff auf die Ostexpansion des Dritten Reiches gefeiert.

Ein weiterer Erfolg im Sinne Klagges war die Ansiedlung der Führungsakademie der HJ in Braunschweig, für die ein eigenes Gebäude neben dem Schlößchen Richmond errichtet wurde, und die Etablierung einer SS-Junker-Schule im Schloß am Braunschweiger Bohlweg.

Während aller Jahre des Dritten Reiches setzte sich der Terror des Regimes gegen Andersdenkende fort und verstärkte sich gegen Ende der Zeit noch. Besonders die Arbeiterführer wurden beargwöhnt, gleichgültig, ob sie aktiv Widerstand zu leisten versuchten wie August Merges, der im März 1945 an den Folgen von Mißhandlungen starb, oder ob sich nur Hoffnungen der Bevölkerung auf sie richteten wie auf Heinrich Jasper, der nach wiederholter KZ-Einlieferung 1945 im KZ Bergen-Belsen ermordet wurde.

Am grausamsten war die Verfolgung der Juden. Schon am 11. März 1933 hatte die SA Überfälle auf jüdische Kaufhäuser in Braunschweig organisiert, am 1. April folgte ein behördlich organisierter Boykott, und von da an wurde ein unaufhörlicher Strom von diskriminierenden und schikanösen Verordnungen gegen die Juden erlassen. Die berüchtigten Nürnberger Gesetze vom September 1935 waren nur eine Zwischenstation in diesen Verfolgungsmaßnahmen. Die Progromnacht vom 9. November 1938 ist ebenfalls dazu zu zählen, in der die Synagogen auf Hitlers Befehl angezündet wurden. Die Synagogen in Braunschweig, Wolfenbüttel, Seesen und Holzminden verbrannten in dieser Nacht.

Die Verfolgung hat zahlreiche Juden aus Deutschland vertrieben, Menschen, die meistens seit Menschengedenken in Deutschland gelebt hatten und sich völlig als Deutsche fühlten. Zwischen 500 und 600 Juden aus dem Lande Braunschweig sind bis 1941 zur Emigration veranlaßt worden, zwischen 200 und 300 in den KZs und Vernichtungslagern ermordet worden, und nur von 37 braunschweigischen Juden ist es sicher, daß sie im deutschen Machtbereich überlebt haben.

Es ist schwer zu sagen, was die braunschweigische Bevölkerung von den Greueln wahrgenommen hat. Daß es KZs gab, konnte man in der Zeitung lesen. Die Nürnberger Gesetze wurden in den Zeitungen bekannt gemacht. Die Progromnacht, von der Bevölkerung beschönigend „Reichskristallnacht" genannt, war ebenfalls bekannt. Daß die Juden Sterne tragen mußten, konnte jeder sehen. Der Ingenieur Karl Dürkefälden aus Celle hat alles, was er wußte, in sein Tagebuch eingetragen, und er wußte praktisch alles, auch die systematische Ermordung der Juden und das planmäßige Verhungernlassen der russischen Kriegsgefangenen aus dem Jahre 1941. Dürkefälden hatte keine besonderen Informationsquellen. Aus Bemerkungen von Soldaten, Eisenbahnern und anderen und aus aufmerksamer Zeitungslektüre hat er sich alles zusammenreimen können. Wer wissen wollte, konnte wissen.

Nach Kriegsausbruch griff wieder wie im Ersten Weltkrieg die Angst um die eingezogenen Soldaten nach jeder Familie. Diesmal waren die Verluste an der Front noch höher. Ab August 1940 kam der Krieg auch direkt in die Heimat. In dieser Zeit wurde die Stadt Braunschweig zum ersten Mal bombardiert. Danach folgten weitere 39 Bombenangriffe. Sie kulminierten in der Nacht vom 14. auf den 15. Oktober 1944. 240 Flugzeuge warfen 847 t Brand- und Sprengbomben über der Innenstadt ab. In Kürze standen die

Fachwerkhäuser in Flammen. Ein Feuersturm erhob sich und fachte die Brände an, so daß sie zu einem einzigen Flammenmeer zusammenwuchsen. In den zahlreichen Hochbunkern der Stadt drohten die Menschen zu ersticken. Gegen Morgen gelang es, Wassergassen bis zu den Bunkern zu legen und die Menschen zu befreien. Für den Bunker in der Schöppenstedter Straße kam jede Hilfe zu spät.

Das alte Braunschweig ging in dieser Nacht unter. Zwischen fünf- und sechshundert Menschen sind bei diesem Angriff ums Leben gekommen. Daß es nicht mehr waren, ist nur den zahlreichen Bunkern und der Umsicht der Feuerwehr am Morgen des 15. Oktober zu verdanken.

Im Frühjahr 1945 ging der Krieg nach entsetzlichen Leiden zu Ende. In der Nacht vom 11. zum 12. April nahmen die Amerikaner die Stadt Braunschweig nahezu kampflos ein. Am 5. Juni übernahmen die Engländer die Besatzung.

Die Stunde Null

Nicht nur die Stadt Braunschweig, ganz Deutschland war bei Kriegsende ein Trümmerhaufen. Nicht einmal die Toten konnte man zählen. Auch über die Zahl der Luftkriegsopfer weiß man nichts Genaues. In ganz Niedersachsen mögen es 15 000 gewesen sein, in der Stadt Braunschweig mehr als 1 600. Noch viel weniger kennt man die Zahl der gefallenen Soldaten. Vielleicht sind es in ganz Niedersachsen etwa 300 000 gewesen, im Land Braunschweig vielleicht 40 000, von denen über die Hälfte zunächst „nur" vermißt waren. Ungefähr doppelt so hoch wie die Zahl der Gefallenen war die der Kriegsgefangenen.

Trotzdem war das Land nicht leer, im Gegenteil. Millionen von Menschen waren auf der Flucht und Vertreibung aus dem Osten nach Niedersachsen und Braunschweig gekommen. Fast jeder war dabei in akuter Lebensgefahr gewesen. Viele zogen im Laufe der Zeit nach Westen weiter, keiner hat sie gezählt. Erst im September 1947 wurde die erste Erhebung angestellt. Danach kamen im Verwaltungsbezirk Braunschweig auf 540 000 Einheimische 200 000 Flüchtlinge und Vertriebene. Die meisten waren aus Schlesien ins Braunschweigische gekommen. Der Zustrom von Flüchtlingen und Vertriebenen riß jahrelang nicht ab. Allmählich kamen auch immer mehr Flüchtlinge aus der sowjetisch besetzten Zone, der späteren DDR. 1947 zählte man im Verwaltungsbezirk außerdem noch 33 000 Ausländer, „displaced persons", ehemalige Kriegsgefangene und Verschleppte.

Alle diese Menschen mußten sich auf einem viel geringeren Wohnraum zusammendrängen, als vorher vorhanden gewesen war, denn viele Städte waren zerstört. Von den Wohnungen in der Stadt Braunschweig waren 27 000, das waren 52 %, total zerstört, 70 % beschädigt, in Goslar 10 % beschädigt, im Landkreis Braunschweig 9 %, in Wolfenbüttel 8,5 %. Im Verwaltungsbezirk Braunschweig zählte man 1947 5,5 Personen pro Wohnung, 1,7 Personen pro Raum. Das war eine Zunahme von 50 % gegenüber dem Vorkrieg. 65 000 Menschen lebten in irgendwelchen Barakkenlagern, Nissenhütten, Bunkern, Schulen, Kellern oder anderen Notunterkünften. 23 Wohnlager und 2 Durchgangslager wurden gezählt. Besonders Salzgitter war voll von Baracken, die vom

Dritten Reich beim Aufbau des Werkes für die ersten Arbeiter errichtet worden waren, dann vermehrt wurden für Kriegsgefangene und verschleppte Zwangsarbeiter und die schließlich die deutschen Flüchtlinge und Vertriebenen beherbergten.

Am schlimmsten war die Ernährungslage. Während sich die Deutschen während der Kriegsjahre einigermaßen gut ernähren konnten, weil sie in den besetzten Gebieten rigoros die Nahrungsmittel beschlagnahmten, lernten sie in den ersten Nachkriegsjahren den Hunger so schlimm kennen, wie seit Menschengedenken nicht. Noch im Februar 1948 standen dem Normalverbraucher nur 11,7 g Fett pro Tag zur Verfügung. Das reichte gerade aus, um eine einzige Scheibe Brot zu bestreichen. Auch an Eiweiß fehlte es. Insgesamt hatte in diesem Monat eine erwachsene Person nur auf 1456 tägliche Kalorien Anspruch. Im Frühjahr 1946 lag er sogar nur bei 1133 Kalorien. Ein nicht körperlich arbeitender Erwachsener braucht aber über 2000 Kalorien, um sich auf Dauer am Leben zu erhalten.

In dieser Situation versuchten alle, durch Schwarzhandel oder durch Betteln die Ernährung ein wenig aufzubessern. Alle Erscheinungen, die es schon im Ersten Weltkrieg gegeben hatte, vervielfachten sich. In großen Scharen ergossen sich die Menschen über das Land, um irgend etwas einzutauschen, um etwas Eßbares zu erbetteln oder ihre Arbeitskraft gegen Brot anzubieten. Silberbesteck, Teppiche, Klaviere, Damenstrümpfe wurden gegen Butter, Kartoffeln oder Brikett getauscht. Die Reichsmark hatte weitgehend ihren Wert verloren. Zigaretten waren eine zuverlässigere und wertbeständigere „Währung". Der Wert einer deutschen Zigarette lag zunächst bei 2,50 RM, einer amerikanischen bei 6,– RM. Er stieg in den folgenden Jahren noch erheblich an.

Die Landwirte hatten kein Interesse, für wertlose Reichsmark die begehrten Lebensmittel abzugeben. Sie schleusten sie am staatlichen Erfassungssystem vorbei, wenn sie irgendwie konnten. Noch heute wird auf dem Lande von zugemauerten Hauswinkeln erzählt, hinter denen die Würste und Schinken einer nächtlichen Schwarzschlachtung hingen. So war die Ernährungslage nicht ganz so schlecht, wie es die amtlichen Statistiken erscheinen lassen. Neben den offiziellen Versorgungswegen gab es inoffizielle. Dazu gehörte auch etwa die Nutzung von Kleingärten, aus denen man herausholte, was der Boden nur hergab. Nach der regulären Ernte hackte man noch einmal Kartoffeln und sammelte Ähren, im Walde suchte man Beeren, Pilze und Nüsse.

Trotzdem war die Ernährungslage verzweifelt schlecht. Zu dem, was man registrierte, gehörte das Gewicht der Deutschen. Die Männer wogen 1946 durchschnittlich etwa 119 Pfund, die Frauen 107 Pfund. Die Amerikaner hielten damals 130 bzw. 116 Pfund für die unterste Grenze dessen, was gesundheitlich als unbedenklich galt. Hungerödeme, von der Bevölkerung „Wasser" genannt, waren eine allen bekannte Erscheinung. Die Tuberkulose lag 400 % über dem Vorkriegsstand. Leichte Wunden heilten nicht, sondern entwickelten sich zu schweren Geschwüren. Trotz eigener Entbehrungen haben die Engländer in dieser Zeit den Deutschen so gut es ging mit Lebensmittellieferungen geholfen.

Auch die von Natur begünstigte Braunschweiger Region war nicht imstande, die hiesige Bevölkerung zu ernähren. Am meisten fehlte es, auf den ersten Blick erstaunlich, an Arbeitskräften. Die Männer im kräftigen Alter waren gefallen oder noch in Kriegsgefangenschaft. Um dem dringendsten Bedürfnis abzuhelfen, haben die Engländer schon ab Sommer 1945 in einer Schnellaktion fast 500 000 Kriegsgefangene entlassen, die aus landwirtschaftlichen Berufen kamen. Pferde waren zwar vorhanden, zumal der Bestand durch „Flüchtlingspferde" vermehrt worden war. Aber es fehlten alle modernen landwirtschaftlichen Maschinen, es fehlte an Handelsdünger, das Saatgut war nur mangelhaft. So wurden denn im Verwaltungsbezirk Braunschweig 1947 nur 17 dz Winterroggen, 19 dz Hafer, 121 dz Spätkartoffeln und 200 dz Zuckerrüben pro Hektar geerntet. Das waren zwischen 10 und 30 % weniger als vor dem Krieg.

Die englische Militärregierung behielt zwar zunächst das Heft in der Hand, wollte die tägliche Arbeit jedoch von Deutschen verrichten lassen, die sich im Nazireich nicht kompromittiert hatten. Im Land Braunschweig ernannten sie am 24. April 1945 den Sozialdemokraten Hubert Schlebusch zum Ministerpräsidenten. Wenig später löste ihn Alfred Kubel ab. Oberbürgermeister der Stadt wurde Ernst Böhme, der schon vor 1933 dieses Amt innegehabt hatte und von den Nationalsozialisten gestürzt worden war. Die ersten demokratischen Wahlen nach dem Kriege ergaben sozialdemokratische Mehrheiten.

Die Zerschlagung Preußens machte auch eine Änderung der inneren Struktur Deutschlands unausweichlich. Schon die Aufteilung Deutschlands in Besatzungszonen hatte Calvörde und den Ostteil des Kreises Blankenburg vom Land Braunschweig abgetrennt. In den Erblanden Heinrichs des Löwen war man sich jahrhundertelang klar gewesen, daß man zum gemeinsamen Besitz der Welfen gehörte. Daß das Land Braunschweig und die Provinz Hannover bei einer Neuordnung Deutschlands zusammengeschlossen wurden, dazu gab es praktisch keine Alternative. Im Westen (Schaumburg-Lippe, Lippe-Detmold) und im Norden (Oldenburg, Bremen) mochten andere Lösungen denkbar sein, zwischen Braunschweig und Hannover nicht.

Im November 1946 trat der braunschweigische Landtag zu seiner letzten Sitzung in der Aula der Kant-Hochschule zusammen. Noch einmal wurden in feierlicher Ansprache Heinrich der Löwe und die großen Herzöge des Barock und der Aufklärung beschworen. Die Vertreter der Arbeiterbewegung Wilhelm Bracke, August Merges und Heinrich Jasper wurden gewürdigt. Der kulturelle Glanz und die administrativen Leistungen des Herzogtums wurden noch einmal in Erinnerung gerufen. Dann erhob sich Group Captain Hicks, dankte für das Verständnis und die Zusammenarbeit, die er in Braunschweig gefunden habe, und schloß mit den Worten: „Hiermit erkläre ich den Landtag für aufgelöst und seine Kabinettsmitglieder ihrer Pflichten entbunden." Damit endete am 21. November 1946 gegen 17 Uhr die Selbständigkeit des Landes Braunschweig.

Das Wirtschaftswunder und die Entfaltung der Wohlstandsgesellschaft

Der Krieg hatte auch die braunschweigische Industrie lahmgelegt. Die Zerstörungen waren aber nicht so tiefgreifend, daß nicht nach relativ kurzer Zeit eine erste Produktion wieder begonnen werden konnte. Im VW-Werk in Wolfsburg waren z. B. 10 % der Maschinen und Aggregate total zerstört, weitere 20 % beschädigt, etwa ein Drittel der Produktionsfläche nicht mehr benutzbar. Aber auch mit dem Rest ließ sich noch notdürftig etwas bauen. Nachdem die Arbeiter die allerschlimmsten Schäden beseitigt hatten, begannen sie Volkswagen, die von Porsche konstruierten Käfer, zu bauen. Es waren die ersten, die im Werk am Mittellandkanal hergestellt wurden. Vorher hatte man dort nur Wehrmachtsmaterial gebaut, vor allem einen Kübelwagen. (Die Prototypen des Käfers in der NS-Zeit waren in Handarbeit bei Mercedes hergestellt worden.) Insgesamt wurden 1945 über 1785 Fahrzeuge hergestellt, im Dezember waren knapp über 6 000 Arbeiter beschäftigt.

Die Reichswerke in Salzgitter arbeiteten im Herbst 1945 mit einer Belegschaft von fast 7 000 Mann (Höchststand 1941: 70 000). Sie produzierten Strom, lieferten Gas, stellten Gußteile und Schmiedestücke her, z. T. für die Reichsbahn, z. T. für Büssing. In den Lehrlingswerkstätten fertigte man u. a. „Gebrauchsgegenstände des täglichen Bedarfs".

Ungewiß war jedoch die Zukunft dieser beiden großen, im Dritten Reich gegründeten Werke. Die Eigentumsverhältnisse bei VW waren undurchsichtig. Es setzte zunächst auch niemand Vertrauen in den „Käfer". Die altetablierten Automobilwerke verachteten das so seltsam erscheinende Modell, und nur, weil kein anderer das Werk übernehmen wollte, kam es 1949 in deutsche Hände. Wichtig war, daß die Engländer niemals beabsichtigten, das Werk zu demontieren, denn Automobilbau war in ihren Augen nicht kriegswichtig.

Das Gegenteil galt für die Reichswerke in Salzgitter. Sie waren ja gegründet worden, um die deutsche Rüstung mit Stahl zu versorgen, und die Engländer waren fest entschlossen, das Werk gründlich zu demontieren. Weitgehend haben die Engländer dies auch verwirklicht, allerdings gegen wachsenden Widerstand der Belegschaft, die für ihre Arbeitsstätten kämpfte. Im März 1950 eskalierten die Auseinandersetzungen und hätten beinahe blutige Formen angenommen. Das Endergebnis der Demontagen war, daß die Werke moderner aufgebaut wurden. Als entscheidend für die Entwicklung eines Unternehmens erwies sich, ob es seine Produkte absetzen konnte, nicht, ob es mit Maschinen und Werkhallen ausreichend versehen war.

Die Mangelwirtschaft war bekanntlich schon vorher durch die Währungsreform schlagartig beseitigt worden. Bis dahin war man froh gewesen, überhaupt etwas kaufen zu können, ohne daß man nach der Qualität und dem Preis der Ware fragte. Geld war nämlich im allgemeinen vorhanden, aber an Waren aller Art fehlte es völlig. Nachdem die Währungsreform vom 20. Juni 1948 die Reichsmark im Kurs 1:10 abgewertet hatte, lohnte es sich wieder, Waren herzustellen und zu verkaufen. Alle, die es erlebt haben, berichten, wie verblüfft sie waren, als Waren, die bis dahin angeblich überhaupt nicht vorhanden waren, plötzlich reichlich in den Schaufenstern auftauchten.

Selbstverständlich war auch in der Braunschweiger Region die Währungsreform die Grundlage für den Wiederaufbau, obwohl die ersten Schritte schon vorher unter großen Mühen vollzogen worden sind. Die Trümmer in der Stadt Braunschweig wurden z. B. durchweg mit Hacke und Schaufel geräumt. Um sie abzutransportieren, ist 1946 eine Feldbahn gebaut worden, die auch in den 50er Jahren noch in Betrieb blieb. Angesichts der totalen Zerstörung der Stadt fiel es relativ leicht, zahlreiche Straßenzüge umzugestalten oder zu verbreitern, um modernen Anforderungen zu genügen (z. B. den Waisenhausdamm, die Lange Straße, die Verbindung Hagenring-Rebenring, das Gebiet um den heutigen Kennedyplatz). Der Bahnhof, als Sackbahnhof immer ein Hindernis für einen schnellen Verkehr, wurde nicht wieder auf Dauer in Betrieb genommen, sondern ein neuer südöstlich der Altstadt errichtet.

Noch dringender war die Beschaffung von Wohnraum. Neue

Stadtviertel entstanden. In der Stadt Braunschweig sind vor allem die Heidbergsiedlung und die Weststadt zu erwähnen. Auch sonst entstanden überall in der Region Neubaugebiete. Ganze Städte wurden fast völlig neu errichtet, in erster Linie Wolfsburg und Salzgitter-Lebenstedt. In den neuen Wohnungen, durchweg mit Bädern, Zentralheizungen, Balkons und großen hellen Fenstern ausgestattet, fanden die Menschen nach den Entbehrungen der Kriegs- und Nachkriegszeit wieder ein bequemes Unterkommen. Allmählich verschwand die Wohnungsnot. Die Flüchtlinge und Vertriebenen wurden relativ schnell integriert.

Nachdem auch der Hunger zu Anfang der 50er Jahre überwunden worden war, konnte man an die Anschaffung neuer langlebiger Wirtschaftsgüter denken. Radios, Nähmaschinen, Kühlschränke, Waschmaschinen wurden gekauft, Güter, die den Eltern der Käufer in der Regel nicht zur Verfügung gestanden hatten. Die Löhne stiegen, die Sozialgesetzgebung wurde verbessert. Die Anpassung der Renten an den Bruttolohn im Jahre 1957 bedeutete zum ersten Mal in der Geschichte, daß sich die Arbeitnehmer nicht mehr vor einer Altersverarmung fürchten mußten.

Allmählich begannen die Arbeitnehmer auch, Ferienreisen zu unternehmen, zuerst innerhalb Deutschlands und nach Österreich, dann auch in mittelmeerische Gebiete. Ebenso setzte allmählich die Motorisierung der breiten Bevölkerung ein. Diese Situation wurde nach den ungeheuren Zerstörungen des Krieges schon sehr bald als „Wunder" empfunden. Sehr bald begriffen die Menschen auch, daß sie mit ihren Wahlentscheidungen tatsächlich den Gang der Politik, auch der Wirtschafts- und Sozialpolitik lenkten. Das Ergebnis dieser Entwicklung war, daß die Menschen die politische, wirtschaftliche und gesellschaftliche Ordnung, in der sie lebten, so einhellig bejahten, wie es in der deutschen Geschichte niemals vorher der Fall gewesen ist.

Leuchtendes Symbol für das „Wirtschaftswunder" und den Wiederaufstieg Deutschlands war in der Braunschweiger Region das Volkswagenwerk. Hatte das Werk 1945 unter schwierigsten Umständen 1785 Fahrzeuge produziert, so waren es im folgenden Jahr schon 10 020. 1947 fiel die Produktion jedoch auf 8 987 Stück zurück. Der mangelnde Wert der Reichsmark machte sich lähmend bemerkbar. Nach der Währungsreform stieg die Produktion jedoch raketengleich an. 1950 wurden 90 038 Fahrzeuge hergestellt, fünf Jahre später jährlich 329 893, 1960 fast 900 000, 1965 beinahe 1,6 Millionen, wieder fünf Jahre später über 2,2 Millionen Fahrzeuge. Ständig wurden mehr Arbeitskräfte beschäftigt. Gleichzeitig wuchs die Produktivität, d. h., immer weniger Beschäftigte waren erforderlich, um einen Wagen zu bauen. Neben den Werken in Wolfsburg und Braunschweig produzierten Fabriken in Kassel, Emden und Salzgitter. Trotzdem konnte VW die Nachfrage kaum befriedigen. Die Lieferzeiten näherten sich zeitweise einem Jahr. Außer den deutschen Markt belieferte VW nahezu die gesamte westliche und neutrale Welt. Besonders stolz wurde der Export in die USA verzeichnet, ins Mutterland des Automobilbaus. Zeitweilig wurde dort auch produziert. Es gebe, so wurde von Automobilfachleuten geäußert, natürlich viele verschiedene Modelle, und eines von ihnen werde zweifellos immer der Käfer sein.

Die ständige Verbesserung des Modells, gute Qualität zu günstigem Preis und ein weltweiter, qualitätsbewußter und preisgünstiger Kundendienst waren die Grundlage für diesen Erfolg. Noch wichtiger war der allgemeine Anstieg des Lebensstandards in Deutschland und der gesamten westlichen Welt, wodurch die Nachfrage nach Autos und die durchgreifende Motorisierung der Gesamtbevölkerung ermöglicht wurde.

Nicht alle industriellen Unternehmungen im Braunschweiger Raum verzeichneten einen ähnlichen Boom, im Gegenteil. So ging z. B. die traditionsreiche braunschweigische Konservenindustrie zugrunde. Nach Gründung der Europäischen Wirtschaftsgemeinschaft erwiesen sich die französischen und holländischen Konserven als preisgünstiger. Die französischen Löhne lagen niedriger als die deutschen. Vielleicht wurde die Gewerbeaufsicht in diesen Ländern auch lässiger gehandhabt. Mit der Konservenindustrie verlor der Gemüseanbau in der Braunschweiger Region die herausragende Rolle, die er seit Beginn des Jahrhunderts innegehabt hatte. Auch die Dosenhersteller und entsprechenden Zulieferer verschwanden weitgehend, nur die Firma Schmalbach konnte sich behaupten.

Fast völlig ist auch die optische Industrie untergegangen. Zunächst erlebten Voigtländer und Rollei einen ähnlichen Aufschwung wie VW. Auch sie exportierten in alle Welt. Technisch übertrafen sie die Japaner (die sich mit genauen Nachbauten begnügten), und preislich unterboten sie die Amerikaner, die vor der deutschen Konkurrenz nach einiger Zeit die Waffen strecken mußten. Dann aber verpaßten die Deutschen den Anschluß. Kleinbildkameras mit Wechselobjektiven, obgleich in Deutschland entwickelt, wurden in Japan in großen, preisgünstigen Serien produziert. Diesen qualitativ überlegenen, relativ preisgünstig hergestellten Fotoapparaten hatten die Braunschweiger Firmen nichts entgegenzusetzen. Der Versuch von Voigtländer, die niedrigen Löhne in Singapur für die eigene Produktion auszunutzen, hatte keinen Erfolg mehr.

Auch eine andere traditionsreiche Braunschweiger Firma, die Brunsviga, ehemals Grimme, Natalis und Co., konnte mit der technischen Entwicklung nicht Schritt halten. Dieser führende Hersteller von mechanischen Rechenmaschinen geriet in Schwierigkeiten, als die Büromaschinen elektrisch betrieben und gesteuert wurden. Sie fusionierte mit Olympia, und diese wurde dann von VW übernommen. VW brach jedoch sein verlustreiches Engagement ab, als sich herausstellte, daß der Anschluß an das elektronische Zeitalter nicht mehr zu vertretbaren Kosten zu gewinnen war. Andere traditionsreiche Maschinen- und Anlagenbauer wie die Luther- und die Wilkewerke mußten ebenfalls ihre Produktion einstellen. Die MIAG, die Mühlenbau- und Industrieaktiengesellschaft, wurde von der Schweizer Konkurrenzfirma Bühler aufgekauft und verlor weitgehend ihre Bedeutung.

Selbst VW geriet in Schwierigkeiten. Anfang der 70er Jahre zeigte es sich, daß es das Werk versäumt hatte, in den Jahren des Käferbooms planmäßig ein neues, modernes Massenautomobil zu entwickeln. Das Werk überlebte wahrscheinlich nur, weil die Umstellung auf den Golf in letzter Minute gelang.

Es waren jeweils andere Gründe, die die Schwierigkeiten der Braunschweiger Unternehmen herbeiführten. Im Hintergrund wirkte aber immer die Ungunst der geographischen Lage mit. Durch die Zonengrenze war die Region an den Rand des deutschen und des neuen europäischen Wirtschaftsgebiets gerückt. Alle Wege von den Zulieferern und zu den Kunden waren lang. Neugründungen erfolgten in der Region nur in geringem Maße. Die Dynamik, die man am Rhein, in Baden-Württemberg und im südlichen Bayern spürte, fand sich im östlichen Niedersachsen nicht.

Das hatte auch seine angenehmen Seiten. Man lebte ruhiger in der Region. Die Zersiedlung der Landschaft hielt sich in Grenzen. Der Straßenbau blieb hinter dem zurück, was von vielen Seiten gewünscht wurde (z. B. Weiterbau der A 39 nach Wolfsburg, Bau einer vierspurigen Verbindung nach Gifhorn). Die Preise waren deutlich niedriger als in Westdeutschland, obgleich das Angebot keine Wünsche offenließ. Besonders das Wohnen war billiger. Privatleute und öffentliche Hand waren weniger als in der übrigen Bundesrepublik imstande, dringende Aufgaben zu lösen. So weist die Stadt Braunschweig bis zum heutigen Tag (1997) große leere Flächen in der Innenstadt auf, die seit dem Kriege nicht bebaut worden sind (z. B. an der Langen Straße). Andere sind erst in allerjüngster Zeit geschlossen worden. In den besten Geschäftsstraßen (so am Bohlweg) gibt es noch immer einstöckige Behelfsbauten, wie sie in der Nachkriegszeit errichtet worden sind.

Gemessen an dem Erscheinungsbild der Gebiete jenseits der innerdeutschen Grenze wirkte die Braunschweiger Region jedoch geradezu glänzend. In der Zeit der DDR-Revolution sollte das von geschichtsmächtiger Wirkung sein.

Die moderne Landwirtschaft

In den ersten Jahren nach 1945 ging der Plan einer Bodenreform in der Landwirtschaft um. Die SPD forderte nachdrücklich die Aufsiedlung aller landwirtschaftlichen Betriebe über 100 ha. Sie konnte sich dabei auf die vielen landhungrigen Bauern aus dem Osten berufen. Die CDU schwankte längere Zeit unentschlossen zwischen Ablehnung und dem Akzeptieren einer 150-ha-Marke, während vor allem die FDP entschlossenen Widerstand leistete. In dem Maße, wie der Hunger allmählich überwunden werden konnte und die Integration der Flüchtlinge gelang, verloren die Bestrebungen nach einer Bodenreform an Popularität. Als die englische Militärregierung, des dauernden Haders im niedersächsischen Landtag müde, im Juni 1949 mit der Verordnung Nr. 188 die Enteignung von Betrieben über 100 ha ermöglichte, gab es von deutscher Seite kein größeres Verlangen mehr nach einem solchen Schritt. Die Verordnung ist praktisch nicht angewendet worden. Wohl aber sind staatliche Domänen im Verwaltungsbezirk Braunschweig aufgesiedelt worden. Daraus sind Nebenerwerbsstellen und einige Vollerwerbsstellen geschaffen worden. (Ersichtlich ist das z. T. an der Betriebsstruktur-Statistik des Kreises Helmstedt.)

Die Landwirtschaft stand nach Kriegsende zunächst vor der Aufgabe, die Ernährung der Bevölkerung so weit wie möglich zu sichern. Vollständig war das nicht möglich. Deutschland hatte schon im Kaiserreich Nahrungsmittel importieren müssen, und der Fortfall der Oder-Neiße-Gebiete sowie die Teilung Deutschlands erschwerten die Ernährung der westdeutschen Bevölkerung zusätzlich. Erst ab 1950 etwa war die deutsche Landwirtschaft imstande, diese Aufgabe zu erfüllen.

1948 hatten die Hektarerträge im Verwaltungsbezirk Braunschweig für Winterroggen 20,9 dz betragen, für Winterweizen 25 dz, für Hafer 20,8 dz. (Das waren die drei wichtigsten Getreidearten.) Spätkartoffeln wurden in diesem Jahr 164 dz, Zuckerrüben 301 dz pro Hektar geerntet. Das war etwa 10 bis 20 % weniger als der Vorkriegsstand. Fünf Jahre später hatten sich die Hektarerträge für Winterroggen auf 32,1 dz gesteigert, für Winterweizen auf 29,5 dz und für Hafer auf 37,8 dz. Für Spätkartoffeln und Zuckerrüben lagen die entsprechenden Werte des Verwaltungsbezirks Braunschweig bei 245 und 395 dz. Diese Steigerung um fast 50 % war nur der Anfang einer langanhaltenden Entwicklung, die in ganz Deutschland und ganz Europa zu immer höheren Erträgen führte. Sie ging einher mit einer Abnahme der landwirtschaftlichen Arbeitskräfte. Das heißt, die Produktivität der landwirtschaftlichen Arbeitskraft wuchs noch erheblich stärker als die erzeugten Mengen.

Es gibt eine Reihe von Gründen für diese Entwicklung. Für die allererste Startperiode in dem Jahrfünft nach 1945 war mit Sicherheit die Schaffung eines Anreizes für die Landwirtschaft entscheidend. Wegen des stabilen Geldes, das durch die Währungsreform geschaffen worden war, lohnte es sich, möglichst viel zu erzeugen und zu verkaufen. Mit der Schaffung der Europäischen Wirtschaftsgemeinschaft kam ein anderer Anreiz hinzu. Die EWG beruhte im Grunde auf einem Kompromiß zwischen Franzosen und Deutschen in der Weise, daß die Franzosen die Einfuhr deutscher Industrieprodukte ungehindert zuließen und die Deutschen die Einfuhr französischer Agrarerzeugnisse. Außerdem sollten die Getreidepreise nicht ins Bodenlose fallen, und deswegen wurde ein Mindestpreis für Getreide geschaffen. Sobald dieser Preis erreicht wurde, kaufte der Staat Getreide auf. Das Geld für diese Aufkäufe wurde vor allem von Deutschland aufgebracht.

Die Mindestpreise für Getreide waren niedrig. Wenn die Bauern nicht vollends hinter der allgemeinen Einkommensentwicklung zurückbleiben wollten, mußten sie ihre Erzeugung steigern. Genau diese Entwicklung wurde von der Politik gewollt und von der breiten Bevölkerung begrüßt. Sie konnte in den folgenden Jahrzehnten ihre Nahrungsmittel zu Preisen einkaufen, die immer mehr hinter dem allgemeinen Preisniveau zurückblieben.

Wichtigster Faktor bei der Steigerung der Pflanzenproduktion war der Einsatz von Mineraldünger. Die Bodenfruchtbarkeit, die wegen des geringen Viehbesatzes und wegen des Mangels an Handelsdünger in der Kriegs- und Nachkriegszeit gelitten hatte, wurde bald wieder hergestellt und laufend erhöht. Allmählich wurde immer mehr darauf geachtet, den Boden nicht nur mit

Stickstoff, Phosphorsäure, Kali und Kalk ausreichend zu versorgen, sondern auch mit Spurenelementen wie Magnesium. Die Handelsdünger wurden zunehmend als Mehrnährstoffdünger angeboten. Heute geht man mehr und mehr dazu über, zu analysieren, was der Boden für eine bestimmte Pflanze braucht, und ihm diese Stoffe genau dosiert zuzuführen.

Gegen Ende der 50er und in den 60er Jahren nahm der Einsatz von Pflanzenschutzmitteln immer mehr zu. Vielerlei Maßnahmen griffen dabei Hand in Hand. Das Beizen des Saatgutes, die Untersuchung von Böden auf Kartoffelnematoden sowie eine allgemeine Aufklärung über Pflanzenschutz waren die wichtigsten Aufgaben der Pflanzenschutzämter. Gegen Pflanzenkrankheiten und schädliche Insekten stellte die Industrie immer neue Mittel zur Verfügung. Ebenso wichtig wurden die zahlreichen Unkrautbekämpfungsmittel. Daß sie im Spritzverfahren ausgebracht werden konnten, erwies sich als besonders wirksam und arbeitssparend.

Daß durch diese Mittel auch zahlreiche Blütenpflanzen ausgerottet wurden, und zwar nicht nur auf dem Acker, sondern auch in den Wiesen und an den Weg- und Waldrändern, soll nicht verschwiegen werden. Dadurch wurden auch die Insekten dezimiert, und das gefährdet wiederum zahlreiche höhere Tiere. Wachteln und Rebhühner sind z. B. in der braunschweigischen Landschaft weitgehend ausgestorben. Sogar der Hase hat Schwierigkeiten, sich in der chemisch gereinigten Umwelt zu behaupten. Es muß in dem Zusammenhang aber noch einmal betont werden, daß die politischen, wirtschaftlichen und rechtlichen Rahmenbedingungen der EG, die von den Verbrauchern bejaht wurden, diese Entwicklung nahezu unvermeidlich gemacht haben.

Die Mechanisierung war schließlich Voraussetzung der steigenden Arbeitsproduktivität. Ländliche Tagelöhner und ländliches Gesinde verschwanden mehr und mehr aus der ländlichen Arbeitswelt. In der Braunschweiger Region ist der ausschließlich von der bäuerlichen Familie bewirtschaftete Betrieb nahezu die Regel geworden. Die zusätzlichen Arbeitskräfte mußten durch Maschinen ersetzt werden. Deshalb nahm die Zahl und die Zugkraft der Schlepper ständig zu, ebenso die Zahl der Mähdrescher, um eine besonders prägnante Maschine zu nennen. Gleichzeitig nahm die Zahl der Pferde ab, bis sie sich Anfang der 70er

Jahre auf einem niedrigen Level stabilisierte. (Die verbliebenen Pferde sind heute Sportpferde.)

Außerdem unternahmen die Landwirte alles, um den Arbeitsanfall zu verringern. Dazu gehörte im Braunschweigischen die Reduzierung der Viehhaltung. Die Rindviehhaltung fiel ungefähr auf ein Drittel dessen, was zu Anfang der 60er Jahre üblich gewesen war, die Schweinehaltung auf ein Fünftel. In den fruchtbaren Gebieten des ehemaligen Landes ist diese Tendenz noch ausgeprägter. In den 70er Jahren gab es im Braunschweiger Land intensive Diskussionen, ob eine Landwirtschaft ohne Viehhaltung bestehen könne. Insbesondere fürchtete man um die Bodenfruchtbarkeit, wenn kein Stalldung mehr ausgebracht werden könne. Diese Befürchtungen haben sich als unbegründet erwiesen, und auch die Landwirte, die zunächst an der Viehhaltung festhalten wollten, haben sie aus Gründen der Arbeitsersparnis aufgegeben.

Sie konzentrieren sich seitdem auf den Anbau von Getreide, vor allem von Winterweizen. Außerdem bauen sie soviel Zuckerrüben an, wie die Zuckerquote zuläßt. Im Kreis Wolfenbüttel sind 1987 z. B. 48 % der landwirtschaftlich genutzten Fläche mit Winterweizen bestellt worden, 13 % mit Wintergerste, 25 % mit Zuckerrüben. Die Zuckerrüben sind auch in die nördlich von Braunschweig gelegenen Sandgebiete vorgedrungen, obgleich der Boden für den Rübenanbau eigentlich nicht geeignet ist. Durch reichliche Düngergaben und eine intensive Beregnung wird die Ungunst des Bodens ausgeglichen.

Während der ganzen Zeit seit der Währungsreform nahm die Zahl der landwirtschaftlichen Betriebe kontinuierlich ab. Auch dieser Prozeß läßt sich als eine Spezialisierung verstehen: immer weniger Personen konzentrierten sich darauf, landwirtschaftliche Betriebe zu führen. Im Verwaltungsbezirk Braunschweig sank von 1949 bis 1971 die Zahl der Betriebe über 2 ha von 9 563 auf 5 934. Die Entwicklung nach der Verwaltungs- und Gebietsreform von 1972 läßt sich aus statistischen Gründen nicht mehr für das ehemalige Land Braunschweig verfolgen. Greift man ein Kernstück des ehemaligen Landes Braunschweig heraus, nämlich den Kreis Helmstedt, der nach der deutschen Teilung keine Gebietsveränderungen mehr erfahren hat, so zeigt sich die durchgängige Wirkung dieses Trends. Die Gesamtzahl der Betriebe über 2 ha fiel hier zwischen 1949 bis 1995 auf ein Viertel, die zwischen 5 und 20 ha sogar auf weniger als ein Zwölftel, während die Betriebe über 100 ha auf fast das Dreifache zunahmen. Es sieht so aus, als ob in den Bauerndörfern des Braunschweiger Landes nur noch jeweils ein bis drei Landwirte übrigbleiben.

Offenbar haben vor allem die Nebenerwerbslandwirte, die etwa bei VW oder im Salzgitter-Konzern tätig waren, die Landwirtschaft aufgegeben. In abgeschwächtem Maße gilt das aber auch für die anderen. Sehr häufig geschieht das im Generationenwechsel. Die Kinder sind oft nicht bereit, den Beruf der Eltern zu übernehmen. Der Wertewandel der Gesellschaft weg von den überindividuellen Werten der Familie oder des Hofes zu denen der persönlichen Selbstbestimmung wirkt sich auch auf die ländliche Besitzstruktur aus. Dabei bleiben die Eigentumsverhältnisse oft erhalten, anders gesagt, das Land wird verpachtet, nicht verkauft. Rein theoretisch könnten die alten Eigentümer die Betriebe eines Tages wieder übernehmen.

Die zukünftige Entwicklung ist zur Zeit schwer abzuschätzen. Ob sich genossenschaftliche Eigentumsformen auch hier verbreiten, ob Flächenstillegungen und andere Verfahren einer landwirtschaftlichen Extensivierung zunehmen, diese und viele andere Fragen werden vor allem von den Rahmenbedingungen abhängen, die die Europäische Gemeinschaft setzen wird.

Landwirtschaftliche
Entwicklungen in der Nachkriegszeit

Betriebsstruktur – Zahl der Betriebe über 2 ha LN (Kreis Helmstedt)

Betriebs-größe (LN)	1949	1960	1965	1970	1976	1980	1984	1990	1995
2–5 ha	530	318	304	232	120	104	119	94	68
5–20 ha	1078	830	659	475	230	194	175	130	84
20–50 ha	462	563	625	618	460	411	341	223	132
50–100 ha	91	94	118	136	182	198	219	218	168
über 100 ha	46	42	39	46	55	62	61	92	139
zusammen	2207	1852	1745	1507	1047	989	915	757	591

Hektarerträge (Durchschnittszahlen, in dt, Kreis Helmstedt)

	1933–1937	1948	1950–1959	1960–1969	1970–1979	1980–1989	1990–1993
Winterweizen	27	22	34	42	51	63	74
Wintergerste	26	24	34	42	49	57	66
Zuckerrüben	323	255	325	372	390	412	487

Viehbestand (auf 100 ha LN, Kreis Helmstedt)

	1948	1956	1963	1970	1977	1984	1991	1994
Pferde	15	8	3	1	2	2	2	
Rindvieh	47	53	57	50	41	36	23	19
Schweine	66	88	79	75	45	38	23	18

Grenzöffnung und Wiedervereinigung

In jüngster Zeit hat die Braunschweiger Region zusammen mit den anderen Gebieten am Rande des Eisernen Vorhangs noch einmal eine bedeutende Rolle gespielt. Die Teilung Deutschlands wurde hier stärker und drückender empfunden als in anderen Gebieten Deutschlands. Mehr als etwa im Rheinland empfand man hier im Grenzgebiet zur DDR den Druck, der von der militärischen Präsenz des Warschauer Paktes ausging, der auch durch die zahlreichen militärischen Einrichtungen der Bundeswehr und der englischen Streitkräfte ständig bewußt blieb. Wenn sich in Westdeutschland der Blick nach Frankreich und die Benelux-Länder richtete und man in Süddeutschland nach Österreich, in die Schweiz und nach Italien sah, fiel hier der Blick auf den Stacheldraht der innerdeutschen Grenze. Die wirtschaftlichen Nachteile schärften das Bewußtsein für die Grenznähe. Hinzu kamen die historischen Erinnerungen an die östliche Nachbarschaft: das Bewußtsein von den alten Verbindungen zu Magdeburg, zu Halberstadt; zu den ehemals braunschweigischen Gebieten von Blankenburg, Calvörde und Hasselfelde. Der Wunsch nach einer Wiedervereinigung war hier deshalb länger lebendig als z. B. in Westdeutschland. Natürlich zog auch hier mit der Zeit Resignation ein. Realistisch schienen solche Wünsche seit Ende der 50er Jahre nicht mehr zu sein.

Als am 9. November 1989 die Mauer in Berlin fiel, wurde auch die innerdeutsche Grenze durchlässig. Die Magdeburger Ärztin Annemarie Reffert war die erste, die ohne Reisegenehmigung mit ihrer Tochter um 21.26 Uhr über die Autobahn nach Helmstedt kam, „nur um zu gucken". Ihr folgten Hunderttausende. Die Orte der Region waren voll von Besuchern. In Helmstedt schoben sie sich dicht an dicht durch die Straßen wie bei einem Volksfest. Und Volksfeststimmung herrschte, nicht nur bei den Besuchern, sondern auch bei den Gastgebern. Allenthalben wurden die Gäste eingeladen, nicht nur in die Lokale, sondern auch nach Hause. Auf der Autobahn bei Helmstedt standen die Menschen in dichten Trauben und bereiteten dem in blauen Qualm gehüllten Strom der Trabis einen begeisterten Empfang. Viele Firmen, vom kleinen Café bis zu „Jägermeister" in Wolfenbüttel, wetteiferten mit Geschenken und Angeboten.

Die Behörden konnten plötzlich improvisieren. Sie verwandelten Turnhallen in Schlafsäle, liehen sich von Supermärkten das Begrüßungsgeld und zahlten es auch sonntags und nachts aus. In wenigen Tagen wurde die Straßenbrücke zwischen Bad Harzburg und Wernigerode gebaut, für die in anderen Zeiten alleine das Genehmigungsverfahren viele Jahre gebraucht hätte.

Neben dem menschlichen Empfang beeindruckte die materielle Welt des Westens die Besucher. Daß die Orte so sauber waren, daß man bei den Gebrauchtwagenhändlern ohne Wartezeit ein Auto kaufen konnte, daß Fotohändler auch nicht kauffähigen Interessenten in aller Ruhe Kameras erklärten, all das war zutiefst eindrucksvoll.

Diese Szenen ereigneten sich überall in Westdeutschland, am meisten jedoch in Westberlin und in dem Streifen entlang der innerdeutschen Grenze. Die Braunschweiger Region war voll beteiligt. Zwischen dem 9. Nov. 1989 und Jahresende wurden allein in Helmstedt 22 Millionen DM Begrüßungsgeld ausgezahlt, d. h. 220 000 Besucher aus der DDR wurden hier registriert.

Die politischen Folgen dieser ersten Begegnungen sind unübersehbar. Hatten die Demonstranten vor dem 9. November vor allem das SED-Regime angeprangert, so wurde nach dem Besuch in Westdeutschland daraus der Wunsch, unter denselben demokratischen und marktwirtschaftlichen Bedingungen zu leben. Aus der Losung „Wir sind das Volk" wurde die Parole „Wir sind ein Volk". Diese Entscheidung für die Wiedervereinigung war allein die Entscheidung der DDR-Bevölkerung. Daß sie in dieser Weise gefallen ist, daran haben West-Berlin und die grenznahen Gebiete der Bundesrepublik einen merklichen Anteil.

Rückblick und Resümee

Ausgehend von der Region um den Harz und nördlich des Harzes, also von Ostsachsen aus, ist das deutsche Reich etwa ein Jahrhundert lang regiert worden. Danach hat sich Ostsachsen rund 200 Jahre lang bemüht, die Führung des Reiches wieder zu übernehmen. Aber nur noch zweimal hat es den Kaiser stellen können. Heinrich der Löwe ist der Repräsentant dieser hochgespannten Ansprüche seines Stammes geworden.

Die Ambitionen, die Führung Deutschlands zu übernehmen, sind gescheitert. Spätestens 1235, als Otto das Kind durch Kaiser Friedrich II. mit dem Herzogtum Braunschweig–Lüneburg belehnt wurde, endete die Sonderrolle dieser Region. So scheint es. Und doch entdeckt man bei schärferem Hinsehen Besonderes. Das nordöstliche Deutschland verzichtete darauf, den Kaiser zu stellen. Es konkurrierte nicht mehr mit den süddeutschen Thronbewerbern. Es war sich aber immer bewußt, zum Reich zu gehören. Es scherte nicht aus der deutschen Geschichte aus, wie es die Niederlande taten.

Kaiserferne und Reichstreue – das hätte die Möglichkeit bieten können, innerhalb des Reiches ein großes Territorium zu schaffen, groß genug, um von festerer Basis erneut nach der Führung des Reiches zu greifen, strebten doch die Fürsten immer nach Ruhm, Macht und Größe. Die Welfen konnten eine solche Chance nicht wahrnehmen. Befangen in den Vorstellungen ihrer Zeit, haben sie ihr Territorium immer wieder geteilt. Niemals konnten sie eine wirkliche Machtstellung aufbauen. Eine gewisse Abgelegenheit des Landes trat hindernd hinzu. Die Kraftzentren Europas, nämlich Italien, Frankreich, Flandern, waren nur schwer von Niedersachsen zu erreichen, zumal auch der Zugang auf die See von unabhängigen Hansestädten kontrolliert wurde. Eine andere Dynastie in Norddeutschland ging den Weg, der den Welfen scheinbar offenstand, die Hohenzollern. Anders gesagt: Niedersachsen und Preußen hatten nacheinander die Möglichkeit, erst eine Führung in Norddeutschland, dann in ganz Deutschland aufzubauen. Preußen kam später. Deshalb teilte es das Territorium nicht, eine Grundvoraussetzung für seinen Erfolg. Auch hier spielte ein geographischer Faktor eine Rolle. Preußen, am Ostrand Norddeutschlands gelegen, fand dort schwächeren Widerstand für seine Ausdehnungsbestrebungen. Es konnte zusätzlich Kraft aus Gebieten ziehen, die nicht zum Deutschen Reich gehörten. Schließlich, im 19. Jahrhundert, einigte es Deutschland. Seine Residenz wurde deutsche Hauptstadt. Die Hausmachtgebiete der habsburgischen Kaiser konnte Preußen jedoch nicht in das vereinigte neue Kaiserreich integrieren. Sie blieben außerhalb und etablierten sich als selbständiges Österreich.

Das Fürstentum Braunschweig–Lüneburg schrumpfte und wuchs mit den dynastischen Teilungen und Vereinigungen. Es brachte bedeutende Herrscher hervor: den Renaissancefürsten Heinrich den Jüngeren, den Reformator und Universitätsgründer Julius, den Gelehrten August, den barocken Anton Ulrich, die aufgeklärten Herrscher Karl I. und Karl Wilhelm Ferdinand. Auch Kriegsruhm ist erworben worden: durch Christian von Braunschweig, Herzog Ferdinand, seinen Neffen Karl Wilhelm Ferdinand und dessen Sohn, den Schwarzen Herzog.

Daneben gab es immer eine republikanische Tradition inmitten des monarchischen Staatswesens. Die Stadt Braunschweig war jahrhundertelang praktisch selbständig, im Innern zwar nicht demokratisch, aber genossenschaftlich organisiert. Sie war das Haupt der binnenländischen Hanse, eine stolze, reiche und wehrhafte Kaufmanns- und Handwerkerstadt. Erst nach fünf Belagerungen beugte sich die Stadt der Fürstenmacht. Sie war dann für den kleinen Staat eigentlich zu groß, oder, wie man auch sagen könnte, der Staat war für die Stadt zu klein. Nirgendwo in Deutschland gab es ein solches Übergewicht der Hauptstadt über das Land.

Selbstverständlich nahm das Herzogtum an allen geistigen Bewegungen Deutschlands teil. Lessing, Raabe und viele andere erfüllten und erfüllen bis heute das Land mit Stolz.

Braunschweig war das einzige Land in Deutschland, dem es im 19. Jahrhundert gelang, eine erfolgreiche Revolution zu machen. Von den untersten sozialen Schichten bis in die Spitzen der Gesellschaft war es einig, als es seinen spätabsolutistischen Fürsten vertrieb und, gemessen an der damaligen Zeit, ein liberales Regime errichtete.

Braunschweig war auch Schauplatz einer frühen Industrialisierung. Eine kräftige Arbeiterbewegung ist hier entstanden, begründet von einem glänzenden Arbeiterführer. Es war eine radikale Arbeiterbewegung, streikbereiter und kämpferischer als im übrigen Deutschland. Das erwies sich im Ersten Weltkrieg, in der Revolution von 1918/19 und in der Weimarer Republik.

Das Land gehört aber auch zu der Region des norddeutschen Protestantismus, wo die NSDAP ihre größten Wahlerfolge erzielte. Daß die Arbeiterbewegung und der Nationalsozialismus hier besonders vehement zusammenstießen, daß die Unterdrückung des NS-Staates hier besonders grausame Formen annahm, war die Folge dieser unvermittelten Konfrontation.

Nach dem Zusammenbruch wurde die Zonengrenze am Lande entlanggezogen, einige Gebiete wurden gänzlich abgetrennt. Das Land verlor seine Selbständigkeit. Die Teilung Deutschlands brachte neben menschlichem Leid auch wirtschaftliche Nachteile. Braunschweig lag am Rande des deutschen und des europäischen Wirtschaftsgebietes. Trotzdem nahm es am allgemeinen Aufstieg Westdeutschlands und Westeuropas teil. Als die DDR-Bevölkerung 1989 revoltierte, diente das Braunschweiger Land als eines der Schaufenster einer demokratischen und marktwirtschaftlichen Ordnung. Wie andere Gebiete am Rande der DDR trug es so zur Wiedervereinigung bei, so daß es heute wieder in der Mitte Deutschlands und eines erweiterten Europas liegt.

Literaturhinweise

Spätestens im Jahre 2000 wird eine umfangreiche, repräsentative Braunschweigische Landesgeschichte erscheinen. Sie wird von den ersten Fachkennern der verschiedenen Epochen und Themen geschrieben und sicherlich für längere Zeit den Wissensstand über die Geschichte der Region festhalten. Bis dahin ist zurückzugreifen auf: Richard Moderhack (Hrsg.): *Braunschweigische Landesgeschichte im Überblick. Braunschweig 1976.* Zur Geschichte der Stadt hat ebenfalls Richard Moderhack einen vorzüglichen Abriß geliefert. Es ist der erste Band eines Ausstellungskatalogs und trägt den Titel: *Braunschweig. Das Bild der Stadt in 900 Jahren. Geschichte und Ansichten. Hrsg. von Gerd Spies. Braunschweig 1985.* Daß beide Werke auch umfangreiche Literaturnachweise enthalten, versteht sich von selbst. Drei weitere Sammelbände zur Landesgeschichte seien genannt: Mit der Stadtgeschichte beschäftigt sich: *Brunswiek 1031 – Braunschweig 1981. Die Stadt Heinrichs des Löwen von den Anfängen bis zur Gegenwart. Hrsg. von Gerd Spies. Braunschweig 1981.* Ein Folgeband unter dem gleichen Titel erschien 1982. Vorwiegend sozial- und verfassungsgeschichtliche Arbeiten sind versammelt in: *Werner Pöls und Klaus Erich Pollmann (Hrsg.): Moderne Braunschweigische Geschichte. Hildesheim 1982.* Auf hohem Niveau steht der Sammelband, der die revolutionären Traditionen der braunschweigischen Geschichte untersucht. Sein Titel: *Birgit Pollmann (Hrsg.): Schicht – Protest – Revolution in Braunschweig 1292 bis 1947/48. Braunschweig 1995.* Die fortlaufend erscheinenden Abhandlungen zur braunschweigischen Landesgeschichte werden im übrigen in der Zeitschrift des Braunschweigischen Geschichtsvereins, dem *Braunschweigischen Jahrbuch,* angezeigt. (Aufsätze aus diesen Sammelbänden werden im folgenden nicht noch einmal aufgeführt, bei den Buchtiteln werden die Untertitel fortgelassen.)

Die braunschweigische Landesgeschichte ist im allgemeinen gut untersucht. Trotzdem ist die Forschungslage für die einzelnen Epochen naturgemäß unterschiedlich. Die Ottonen- und Salierzeit wird im allgemeinen im Rahmen der deutschen Geschichte behandelt. Aus den zahlreichen Werken können zwei schmalere, gut bebilderte auch dem Laien besonders empfohlen werden. Eines behandelt die Baulichkeiten und Bildwerke der ottonischen und salischen Zeit, das andere beschäftigt sich speziell mit der Kaiserin Theophanu. Es sind: *Ernst Schubert: Stätten sächsischer Kaiser, Leipzig 1990, und Helmut Fußbroich: Theophanu. Die Griechin auf dem deutschen Kaiserthron 972–991. Köln 1991.* Über Heinrich den Löwen gibt es neben dem Standardwerk von Karl Jordan: *Heinrich der Löwe, München 1979,* vor allem den großen dreibändigen Katalog zur Ausstellung von 1995: *Heinrich der Löwe und seine Zeit. Katalog der Ausstellung Braunschweig 1995. 3 Bde. Hrsg. von Jochen Luckhardt und Franz Niehoff, Bd. 3, zusammen mit Gerd Biegel, München 1995.*

Aus den zahlreichen Darstellungen zur Geschichte der Stadt Braunschweig im Mittelalter seien herausgegriffen: *Manfred R. W. Garzmann: Stadtherr und Gemeinde in Braunschweig im 13. und 14. Jahrhundert, Braunschweig 1976,* und *Matthias Puhle: Die Politik der Stadt Braunschweig innerhalb des Sächsischen Städtebundes und der Hanse im späten Mittelalter. Braunschweig 1985.* Leider hat sich das Interesse der Forschung vom Spätmittelalter und von der Frühen Neuzeit längere Zeit etwas fortverlagert. Erwähnt werden sollen aber die Biographie *Frieda Biehringer: Herzog Karl I. von Braunschweig, Wolfenbüttel 1920,* sowie die umfangreiche Untersuchung von *Peter Albrecht: Die Förderung des Landesausbaues im Herzogtum Braunschweig–Wolfenbüttel im Spiegel der Verwaltungsakten des 18. Jahrhunderts (1671–1806). Braunschweig 1980.* Die agrarischen Zustände sind vor allem durch die eindringenden Forschungen von Walter Achilles aufgehellt, z. B.: *Walter Achilles: Die steuerliche Belastung der braunschweigischen Landwirtschaft und ihr Beitrag zu den Staatseinnahmen im 17. und 18. Jahrhundert. Hildesheim 1972.* und Ders.: *Vermögensverhältnisse braunschweigischer Bauernhöfe im 17. und 18. Jahrhundert. Stuttgart 1965.*

Von der Revolution von 1830 gibt es noch keine befriedigende Darstellung. Am besten greift man zu *Hans-Gerhard Husung: Protest und Repression im Vormärz. Göttingen 1983.* Die Sozialgeschichte des 19. Jahrhunderts, vor allem beim Übergang von der agrarischen zur industriellen Arbeitswelt, ist behandelt von *Gerhard Schildt: Tagelöhner, Gesellen, Arbeiter. Stuttgart 1986.* Die Entwicklung der Arbeiterbewegung ist vor allem dargelegt in:

Georg Eckert: 100 Jahre Braunschweiger Sozialdemokratie, Teil 1, Hannover 1965, und *Friedhelm Boll: Massenbewegungen in Niedersachsen 1906–1920, Bonn 1981.* Das beste Buch über die wichtige Entwicklung im Ersten Weltkrieg ist: *Hans-Ulrich Ludewig: Das Herzogtum Braunschweig im Ersten Weltkrieg, Braunschweig 1984,* Für die Weimarer Zeit empfehlen sich: *Ernst-August Roloff: Braunschweig und der Staat von Weimar, Braunschweig 1964,* sowie *Bernd Rother: Die Sozialdemokratie im Land Braunschweig 1918–1933, Bonn 1990.*

Nicht befriedigend, von Einzeluntersuchungen abgesehen, ist die Forschungslage zu Braunschweig während des Dritten Reichs. Verwiesen sei aber auf das umfangreiche Werk von Hans Mommsen, das weit mehr bietet, als der Titel verspricht: *Hans Mommsen mit Manfred Grieger: Das Volkswagenwerk und seine Arbeiter im Dritten Reich. Düsseldorf 1996.* Außerdem sei auf das wichtigste Werk zum Bombenkrieg hingewiesen: *Rudolf Prescher: Der Rote Hahn über Braunschweig, 2. Aufl., Braunschweig 1994.* Die Nachkriegszeit ist wissenschaftlich noch gänzlich unerforscht. Es sei aber ein knappes, illustriertes Buch zur „Stunde Null" genannt, nämlich: *Karl-Joachim Krause: Braunschweig zwischen Krieg und Frieden, Braunschweig 1994.*